Medien verstehen

Medien verstehen: Marshall McLuhans Understanding Media

herausgegeben von

Till A. Heilmann und Jens Schröter

μ meson press

Bibliographische Information der Deutschen Nationalbibliothek
Die Deutsche Nationalbibliothek verzeichnet diese Veröffentlichung in der Deutschen Nationalbibliographie; detaillierte
bibliographische Informationen sind im Internet
unter http://dnb.d-nb.de abrufbar.

Veröffentlicht 2017 von meson press, Lüneburg
www.meson.press

ISBN (Print):   978-3-95796-115-0
ISBN (PDF):   978-3-95796-116-7
ISBN (EPUB): 978-3-95796-117-4
DOI: 10.14619/1150

Designkonzept: Torsten Köchlin, Silke Krieg
Umschlaggrafik: Darren Hester, Flickr
Korrektorat: Sabine Manke

Die Printausgabe dieses Buchs wird gedruckt von Books on
Demand, Norderstedt.

Die digitale Ausgabe dieses Buchs kann unter
www.meson.press kostenlos heruntergeladen werden.

Inhalt

[0]
Medien verstehen

Till A. Heilmann, Jens Schröter

McLuhan is surely great, but his biggest inconsistency is that he still writes books. – Nam June Paik (1966, 26)

Was lässt sich über *Understanding Media* gut fünf Jahrzehnte nach seinem ersten Erscheinen noch Neues, Überraschendes und Interessantes sagen? Eine ganze Menge, wie die Beiträge in diesem Band eindrücklich zeigen. McLuhans Buch, auch heute einer der meistgelesenen Texte in den Geistes- und Kulturwissenschaften,[1] regt offensichtlich weiter zum Nachdenken über Medien an.

Gleichwohl trifft der im Motto zitierte Nam June Paik mit seinem Urteil, wenn auch in unbeabsichtigter Weise, einen wunden Punkt: *Understanding Media* stellt für die

---

1 Nach einer Untersuchung des *Open Syllabus Project* ist *Understanding Media* beispielsweise an der Stanford University einer der in den unterrichteten Kursen am häufigsten gelesenen und diskutierten Texte (vgl. asc 2016).

8   Leserin und den Leser[2] ein Problem dar, gerade „als Buch".
Denn trotz seiner scheinbar planvollen Anlage (einem
einführenden allgemeinen Teil folgen, in ungefährer
chronologischer Reihung der untersuchten Technologien,
kapitelweise Analysen einzelner Medien[3]) ergibt der Text
kein Buch im herkömmlichen Sinne. Das liegt vor allem an
seiner höchst repetitiven Struktur einerseits (dieselben
Grundgedanken werden, sprachlich wie inhaltlich nur
leicht variiert, wieder und wieder präsentiert) und den
argumentativen Inkonsistenzen andererseits (zu fast jedem
wichtigen Punkt in der Darstellung McLuhans lassen sich
auch gegenteilige Aussagen finden). Zudem wirken manche
Kapitel, die aus thematischen Gründen von zentraler
Bedeutung sein sollten (wie etwa die zum Fernsehen und
zur Automation), am wenigsten durchdacht und besonders
leichtfertig hingeschrieben.

Wie schon in den ersten Rezensionen moniert wurde
(siehe Heilmann 2014), ist *Understanding Media* in vielfacher
Hinsicht eine ärgerliche Lektüre: voll von unbelegten
Behauptungen, politischen Ungeheuerlichkeiten (man
lese, was McLuhan nicht nur über Hitler und das Radio,
sondern beispielsweise über Frauen schreibt), stilistischen
Schlampigkeiten, nervtötenden Wiederholungen, nach-
lässigen bis abenteuerlichen Textdarstellungen und
interpretationen, nicht gekennzeichneten Zitatver-
fälschungen, historischen und begrifflichen Kurzschlüssen,

2   Wir haben uns in der Einleitung für die explizite Nennung beider
Geschlechter entschieden. In den einzelnen Beiträgen wurde die von
der jeweiligen Autorin bzw. dem jeweiligen Autor gewählte Schreibweise beibehalten.

3   McLuhan hatte insgesamt einen wohl eher geringen Einfluss auf die
Auswahl und Reihung der Kapitel. Er gab das Typoskript als ziemlich
ungeordnetes Konvolut mehrfach überarbeiteter Textteile in loser
Folge ab. Erst der Verlag gab dem Buch die endgültige Gliederung
(siehe Mangold und Sprenger 2014, 11f.). Auch der verschiedentlich
angemerkte Umstand, dass der erste Teil des Buches aus sieben
Kapiteln besteht (der Zahl der Disziplinen im Trivium und Quadrivium)
und der zweite aus sechsundzwanzig (der Zahl der Buchstaben
im modernen westlichen Alphabet), ist wahrscheinlich dem Zufall
geschuldet.

wiederkehrenden Selbstwidersprüchen und bestenfalls halb ausgeführten Beweisgängen.

Auch aus anderen Gründen ist *Understanding Media* vielleicht nicht die geeignetste Veröffentlichung des Kanadiers, um medienwissenschaftliches Fragen und Forschen voranzutreiben. So ist es nicht McLuhans gelehrtestes Buch (das ist wohl seine erst 2006 unter dem Titel *The Classical Trivium* publizierte Dissertation). Es ist nicht der argumentativ und konzeptionell stringenteste Text McLuhans (das ist wahrscheinlich *The Gutenberg Galaxy*). Es ist auch nicht das populärste Buch von McLuhan (das wäre *The Medium is the Massage*, welches zu allem Überfluss gar nicht von McLuhan selbst, sondern von Jerome Agel und Quentin Fiore geschrieben wurde). Es ist bestimmt nicht der am leichtesten zugängliche und verständliche Text, den McLuhan verfasst hat (verschiedene seiner kurzen Artikel und Essays sind da besser, wahrscheinlich auch, weil kürzere Formate weniger Raum für Inkonsistenzen bieten). Und mit Sicherheit ist *Understanding Media* nicht das fachgeschichtlich aufschlussreichste Dokument (das ist wohl die Zeitschrift *Explorations*, die McLuhan in den 1950er Jahren zusammen mit seinem Kollegen Edmund Carpenter herausgab; siehe Schüttpelz 2014).

Weshalb sollte man sich also dennoch, immer noch, noch einmal mit *Understanding Media* befassen? Wie eingangs angemerkt wurde, irritiert das Buch nach wie vor. Offenbar berühren seine Fragen – also die nach den Medien – und sein bereits im Titel genanntes Versprechen – Medien eben verstehen zu können – auch nach einem halben Jahrhundert. Und das ist angesichts unserer Lage, die erkennbar von Medien bestimmt wird (vgl. Kittler 1986, 3), wenig erstaunlich. Die nachhaltigste Wirkung von *Understanding Media* ist denn auch eine diskursive. In seiner Eigenschaft als obgleich problematische und entsprechend umstrittene Programmschrift einer universitären und universellen Lehre von den Medien machte das Buch wenn nicht „den", dann doch zumindest „einen" Anfang jenes heterogenen

Ensembles, das heute Medienwissenschaft genannt werden kann. Medien in ihrer ganzen historischen Tiefe und sachlichen Breite zum Gegenstand einer eigenständigen wissenschaftlichen Befragung erkoren zu haben: Das ist das bleibende Verdienst von McLuhans Buch.

Und so geht *Understanding Media* die Medienwissenschaft in ihrer fragilen Identität und prekären Stellung einer vergleichsweise jungen Disziplin gerade jetzt an. Denn das Fach, dessen akademische Institutionalisierung im deutschsprachigen Raum erst ungefähr zwanzig Jahre zurückliegt, wird aktuell zweifach herausgefordert. Einerseits gibt es im Fach selbst seit geraumer Zeit Bestrebungen, das anfangs vorwiegend geistes- und kulturwissenschaftlich ausgerichtete, theorie- und geschichtsgeladene Projekt einer allgemeinen Medienwissenschaft in Richtung eines hauptsächlich sozialwissenschaftlichen Ansätzen und Methoden verpflichteten, empirisch arbeitenden und gegenwartsorientierten Forschungszusammenhangs umzulenken (Stichworte: Medienethnografie, Praxeologie, *Science and Technology Studies*). Andererseits erwächst dem Fach aus anderen akademischen Disziplinen (wie der Kommunikationswissenschaft, der Wirtschaftswissenschaft, der Politikwissenschaft, der Rechtswissenschaft, der Informatik und den Technikwissenschaften) starke Konkurrenz, indem diese das zentrale Themenfeld Digitalisierung und Internet, welches von der Medienwissenschaft im deutschsprachigen Raum bislang eher stiefmütterlich behandelt wurde, insbesondere durch das Einwerben großer Forschungsprojekte und Fördermittel in jüngster Vergangenheit erfolgreich besetzen.[4]

4   Siehe u. a. die Beispiele Deutsches Internet-Institut, das 2017 in Berlin gegründet wurde und vom BMBF mit rund 50 Millionen Euro finanziert wird, und Einstein Center Digital Future, ebenfalls 2017 in Berlin gegründet und mit knapp 40 Millionen Euro aus einer Public-private-Partnership finanziert. An beiden Projekten sind Forscherinnen und Forscher aus der institutionalisierten deutschsprachigen Medienwissenschaft nicht oder höchstens randständig beteiligt.

Nicht zuletzt vor dem Hintergrund dieser inneren wie äußeren Erschütterungen der Disziplin ist es angebracht, den diskursiven Einschnitt zu bedenken, den das Erscheinen von *Understanding Media* bedeutet hat und der bis heute nachwirkt. Auch wenn das Buch mitunter als delirantes Gefasel eines wirren Geistes eingestuft wird, gestehen selbst seine schärfsten Kritikerinnen und Kritiker in der Regel zu, dass man es nicht übergehen könne. Die anhaltende Irritation, die von *Understanding Media* ausgeht, verdankt sich der Tatsache, dass sein Text es (trotz all der offenkundigen Schwächen) vermocht hat, zentrale Frage- und Problemstellungen einer kommenden Medienwissenschaft erstmals als solche deutlich zu machen: die medialen Tendenzen von Wahrnehmung, Kommunikation und Wissen; das Verhältnis der „Inhalte" zu den (psychischen wie sozialen) Auswirkungen von Medien; die mediale Verbindung von Körperlichkeit und Technizität; die narkotische Natur medientechnischer Prozesse; der Systemcharakter von Medien in ihrem Gefüge; ihre genealogische Verschränkung; ihre historische wie kulturelle Diversität und Spezifität; ihre (für gemeinhin nicht wahrgenommene) „Umweltlichkeit"; ihre aisthetische, kommunikative und epistemische Unhintergehbarkeit. Diese Punkte als diskursive Matrix einer geistes-, kultur- und sozialwissenschaftlichen Beschäftigung mit Medien in ihrer Gesamtheit herausgearbeitet zu haben, scheint uns die genuine Leistung des Buches, hinter die man gedanklich seither nicht mehr zurückfallen kann. *Understanding Media* mag viele zweifelhafte, irreführende, auch lächerliche oder schlicht falsche Antworten geben. Aber es hat die fundamentalen Fragen einer allgemeinen Medienwissenschaft auf verbindliche Weise zur Diskussion gestellt.

Und über diese grundlegenden Errungenschaften hinaus gilt für das Buch: Auch wenn die Lektüre oftmals weder angenehm noch leicht ist, so ist *Understanding Media* doch lesenswert. Wir denken dabei nicht nur an die „Filetstücke", also an die viel gelesenen und zitierten Passagen aus dem ersten Teil, vor allem in den Kapiteln „Das Medium ist die

Botschaft", „Heiße Medien und kalte" und „Verliebt in seine Apparate". Es gibt äußerst aufschlussreiche Kapitel und Abschnitte in dem Buch, die in medienwissenschaftlichen Debatten bislang kaum Niederschlag gefunden haben: etwa die zu „Spiel und Sport", zu „Waffen" und zu „Die Zahl" (in dem man vieles über den Zusammenhang von Buchdruck, höherer Mathematik und perspektivischer Malerei lesen kann, das sich dreißig Jahre später genau so, freilich ohne Verweis auf McLuhan, bei Friedrich Kittler wiederfindet). Und jenseits der berühmten und viel bemühten Slogans finden sich in dem Buch immer wieder erstaunliche Sätze oder Halbsätze, über die man ins Grübeln gerät. Etwa der, dass mit der elektrischen Telegrafie „das Zeitalter der Angst" angebrochen sei (McLuhan 1992, 289); oder dieser: „[Medien] sind schon lange ausgeführt, bevor sie aus-gedacht sind" (ebd., 66); oder auch: „Jedes Heim in Amerika hat seine Berliner Mauer" (ebd., 89). Und schließlich: „Der Name eines Menschen ist der betäubende Schlag, von dem er sich nie erholt" (ebd., 46).

Understanding Media war ein Schlag, dessen diskursive Folgen man in der Medienwissenschaft noch heute spürt. Aber wie McLuhan 1970 in einem Brief an seinen ehemaligen Kollegen Donald Theall schrieb: „[M]y books are intended as fun books" (zit. in Theall 2001, 218). In diesem Sinne wünschen wir unseren Leserinnen und Lesern, dass ihnen die Lektüre dieses Buches wissenschaftliches Vergnügen bereitet.

Der Band versammelt Vorträge, die an der Konferenz „Medien verstehen. Marshall McLuhans *Understanding Media* zum Fünfzigsten" im November 2014 an der Uni-versität Siegen gehalten wurden. Ergänzt haben wir sie um einen Aufsatz von Martina Leeker. Alle Texte sind Originalbeiträge, die hier zum ersten Mal erscheinen.

Literatur

asc. 2016. „Diese zehn Bücher müssen Studenten in Harvard lesen." *SPIEGEL Online,* 28. Jan. Letzter Zugriff am 20. Juni 2016. http://www.spiegel.de/lebenundlernen/uni/

aristoteles-bis-marx-diese-zehn-buecher-muessen-studenten-in-harvard-lesen-a-1074279.html.

Heilmann, Till A. 2014. „Ein Blick in den Rückspiegel: Zur Vergangenheit und Gegenwärtigkeit von *Understanding Media."* *Navigationen* 14 (2): 87–101.

Kittler, Friedrich. 1986. *Grammophon, Film, Typewriter.* Berlin: Brinkmann und Bose.

Mangold, Jana und Florian Sprenger, Hg. 2014. *50 Jahre* Understanding Media. Siegen: universi (= *Navigationen* 14 (2)).

McLuhan, Marshall. (1964) 1992. *Die magischen Kanäle: Understanding Media.* Düsseldorf: Econ.

Paik, Nam June. 1966. „Utopian Laser TV Station." In *Manifestos,* 25–26. New York: Something Else Press.

Schüttpelz, Erhard. 2014. „60 Jahre Medientheorie: Die Black Box der ‚Explorations' wird geöffnet." *Zeitschrift für Medienwissenschaft* 2: 139–142.

Theall, Donald F. 2001. *The Virtual Marshall McLuhan.* Montreal: McGill-Queen's University Press.

STILISTIK

WISSENSGESCHICHTE

RHETORIK

AMPLIFICATIO

DILATATIO

MEDIENTHEORIE

Lob der Medien: Marshall McLuhans Lobrede *Understanding Media*

Jana Mangold

Understanding Media ist vielfach für seinen Mangel an wissenschaftlicher Vorgehensweise gescholten worden. Der Aufsatz unternimmt es, die stilistischen und formalen Grundlagen dieses Klassikers der Medientheorie näher zu bestimmen. Daraus ergeben sich neue Einsichten in die Textart und die historische Epistemologie des Buches: *Understanding Media* ist eine Lobrede und führt insofern eine Auseinandersetzung um Formen der Steigerung.

Fünfzig Jahre nach dem Erscheinen von *Understanding Media* ist das Buch immer noch schwer zu verstehen. Nicht allein der historische Abstand, die Ferne der 1960er Jahre, ihrer Medien und ihrer gesellschaftspolitischen Verhältnisse, erschwert das Verständnis. Schon den Zeitgenossen erschien das Buch auf merkwürdige Weise unzugänglich, wie es etwa der Rezensent Christopher Ricks 1964 auf den Punkt brachte: „These are all important themes, but they are altogether drowned by the style, the manner of arguing, the attitude to evidence and to authorities, and the shouting" (Ricks 1968, 245). Das Problem des Verständnisses des Buches scheint also weniger in einer schwierigen Grundaussage, einem hermetischen System oder einem abstrahierenden Sprachgebrauch zu bestehen. Es liegt vielmehr in einem alles ertränkenden Stil, einer eigentümlichen Einstellung zu Argumentations- und Nachweisregeln der Wissenschaft und einer Art Marktgeschrei des Buches.

Die Einschätzung Ricks' entspricht der auch heute noch gültigen Feststellung, dass *Understanding Media* nicht auf wissenschaftliche Konventionen festzulegen ist. Das Buch missachtet einfachste Regeln des wissenschaftlichen Nachweises und der Argumentation, des Begründens und der schlüssigen Darstellung von Zusammenhängen. An die Stelle von Belegen, erläuternden Ausführungen und Thesen setzt es äußerst diverse Quellen, Anekdoten und sloganartige Behauptungen. So mancher Kalauer muss für einen echten Beweis herhalten. Zu oft gibt sich der Text mit Metaphern und halbseidenen Analogien zufrieden, anstelle auf Fakten zu verweisen.[1] *Understanding Media* ist dementsprechend oft als das Werk eines gewieften Rhetorikers bezeichnet und damit auch schon als wissenschaftlich nicht haltbar zurückgewiesen worden. Und doch ist es nicht von der Hand zu weisen, dass dieses überschwemmende und lärmende Buch das axiomatische Grundgerüst zur Betrachtung der Medien skizziert und nicht unwesentlich zur Begründung der Medienwissenschaft beigetragen hat.

Im Folgenden werde ich daher nicht in den Reigen derer einstimmen, die in Stil und Geschrei von *Understanding Media* die eigentlich wichtigen wissenschaftlichen

---

1 Vgl. die neueren Zusammenfassungen und Auswertungen der bestehenden Kritikpunkte zu Stil und Inhalt bei Sven Grampp (2011, 14f., 18ff., 25f., 141–173) sowie bei Till Heilmann (2014), der die deutschsprachige Rezeption bei Erscheinen der deutschen Ausgabe *Die magischen Kanäle* von 1968 zusammengetragen hat.

Errungenschaften des Buches ertränkt sehen. Stattdessen möchte ich das Verhältnis umdrehen und der Frage nachgehen, inwiefern die wissenschaftlichen Errungenschaften selbst die Konsequenz genau dieser überschwemmenden Schreibweisen und des scheppernden Lärmes des Buches sind. Ich gehe dabei von der wissensgeschichtlich unterlegten Annahme aus, dass die theoretische Begründungsleistung dieses Buches nicht von seiner Manier der Darstellung und Begründung zu trennen ist. Nimmt man aber die Darstellungsweise als wissensbildendes Verfahren ernst, könnte es leicht passieren, dass Marshall McLuhans Programm einer allgemeinen Medienwissenschaft woanders hingehört als an den Anfang der uns bekannten Wissenschaft desselben Namens.

Amplifikation

In einem ersten Schritt sind für die Frage nach den wissensbildenden Darstellungsverfahren von *Understanding Media* zunächst Stil und „Geschrei" des Buches näher zu bestimmen. Ich orientiere mich dafür an der Aussage des Rezensenten Ricks und beginne beim Lärm: Wer erinnert sich nicht an die marktschreierischen Formen des Eigenlobes und der Selbststilisierung hinsichtlich des Neuigkeitswertes des Buches? Gleich in der Einleitung heißt es, dass 75 Prozent des Materials neu seien und dass nach Aussagen aus verbürgter Quelle – den Bemerkungen eines Lektors – ein erfolgreiches Buch nicht riskieren sollte, mehr als zehn Prozent Neues zu liefern (vgl. McLuhan 2008, 4). Im ersten Kapitel beschreibt sich der Autor sodann als einen Entdecker in der Position von Louis Pasteur, „telling the doctors that their greatest enemy was quite invisible, and quite unrecognized by them" (ebd., 19). Es sind Gesten der Überbietung, die hier eingesetzt werden und die den Geräuschpegel des Buches erheblich ansteigen lassen. Diese Gesten arbeiten mit konkreten Formen der Steigerung, welche im ersten Fall in der Angabe einer quantitativen Zunahme besteht und im zweiten Fall in einer Identifizierung des qualitativ Kleinsten, ja sogar Unsichtbaren („invisible, and quite unrecognized"), mit dem qualitativ Größten („their greatest enemy").

Derartige Formen der Überbietung galten schon in der Antike als Verstärker, als *amplificatio*, der Rede oder eines Textes. Nach der Auffassung der alten Rhetoriker sorgen sie für mehr „Nachdruck und Handgreiflichkeit" (Quintilianus 1988, VIII.4, 2) in der Rede und damit für Überzeugung bei Zuhörern bzw. Lesern. In den Reden vor Gericht oder vor der Volksversammlung lässt sich durch die Mittel der *amplificatio* etwa ein Verbrechen noch schrecklicher zeichnen oder die Sache eines Vorredners als besonders schwach ausweisen. Unter *amplificatio* fasst die antike Kunst der Rhetorik sprachliche Mittel des Zuwachses, der Vergleichung, Schlussfolgerung und Häufung, die der Steigerung oder Überbietung, aber auch der Verminderung und Abschwächung eines Sachverhaltes in der Rede dienen. Dazu zählen „Wörter von größerem Umfang" *(incrementum)*, das Erheben einer Angelegenheit zu Höherem durch das Steigern eines vergleichbaren Beispieles *(comparatio)*, die Steigerung von Umständen, die auf die Größe, Schwere, Wichtigkeit der behandelten Sache schließen lassen *(ratiocinatio)*, und das Ansteigenlassen durch Anhäufung von Worten und Gedanken in der Rede *(congeries)* (vgl. ebd., 4–29).

Gerade Letzteres, die Anhäufung, ist wesentlicher Bestandteil von *Understanding Media* und zeichnet verantwortlich für das von Ricks konstatierte Ertrinken der eigentlich wichtigen Themen im Stil des Buches. Textstellen wie folgende aus dem Kapitel zur Fotografie lassen den Eindruck des Überschwemmtwerdens kaum abwehren:

> A century ago the British craze for the monocle gave to the wearer the power of the camera to fix people in a superior stare, as if they were objects. Eric von Stroheim did a great job with the monocle in creating the haughty Prussian officer. Both monocle and camera tend to turn people into things, and the photograph

extends and multiplies the human image to the proportions of mass-produced merchandise. (McLuhan
2008, 205)

Das vermeintlich historische Beispiel des Monokels zu
Beginn des Abschnittes ist bei allem Anschein kein his-
torischer Beleg für die im gleichen Satz angesprochene
Macht der Kamera, sondern eine Hinzufügung im Sinne
einer Vergrößerung oder auch Durchführung des Themas
(vgl. Bauer 1992, 450). Zwar könnte der erste Satz über die
Monokel-Manie eine Art Erläuterung zur Wirkungsweise
der Kamera sein. Doch der daran anschließende Satz kehrt
einen abschweifenden Charakter hervor, der auch den
ersten Satz affiziert. Das Lob der schauspielerischen Leistungen Erich von Stroheims hat nur noch ganz am Rande
etwas zum Thema beizutragen und dehnt den Text hier vor
allem aus.

Das Ausdehnen von Text ist typisch für eine rhetorische
Anhäufung. Diese Form der *amplificatio* war im Mittel-
alter gängige literarische Praxis und wurde als *dilatatio*
bezeichnet. Sie wendete das Steigerungsprinzip ins
Quantitative. Bekannte Stoffe wurden durch topische und
stilistische Verfahren der Rhetorik immer weiter aus-
formuliert und in der Fläche des Textes ausgebreitet (vgl.
Matuschek 1994, 1263; Bauer 1992, 449ff.). Die vorliegende
Passage aus *Understanding Media* stellt sich in diese
Tradition. Denn wie der dritte Satz zeigt, sind Monokel und
Stroheim vielleicht Aspekte der Veranschaulichung für die
Macht der Kamera, doch läuft diese Reihung letztlich auf
etwas anderes hinaus: Mit einem anhäufenden „and" geht
der Text einfach zur Eigenart der Fotografie selbst über:
„[...] and the photograph extends and multiplies the human
image to the proportions of mass-produced merchandise"
(McLuhan 2008, 205).

Mit der Ausbreitung und Vervielfältigung des mensch-
lichen Bildes durch die Fotografie selbst wechselt der
Textabschnitt seine Ausrichtung und lässt den gesamten
Einstieg der Passage zu einer einzigen *dilatatio*, zur reinen

Aus- und Weiterführung werden. Selbst wenn Monokel und Kamera die Tendenz zur Verdinglichung des Menschen teilen, der Text treibt nun weiter, um die Erweiterung und Vervielfältigung der Fotografie in neuen Formen der Anhäufung auszuführen:

> The movie stars and matinee idols are put in the public domain by photography. They become dreams that money can buy. They can be bought and hugged and thumbed more easily than public prostitutes. (Ebd.)

Die Vervielfältigungen, welche die Fotografie leistet, werden in diesem Textabschnitt durch die Ähnlichkeit der Satzstruktur und der Satzanfänge auch sprachlich umgesetzt: „The movie stars … are", „They become …", „They can …", und gipfeln in der Vervielfältigung der Umgangsweisen mit den Starfotografien im Polysyndeton „bought and hugged and thumbed". Die Aufzählung des Polysyndetons ist die einfachste Form der Häufung. Durch die Konjunktion „and" weist sie sich insbesondere als Form der (wahllosen) Hinzufügung aus. In ihrem Dreischritt verweist sie aber auch auf die bekannteste rhetorische Figur der Steigerung: die Klimax (vgl. Groddeck 2008, 123, 158f.). Jede Häufung führt in ihrem Charakter der quantitativen Zunahme potenziell die qualitative Steigerung mit sich, was sich im vorliegenden Textabschnitt vom Ende her bestätigt. Die einfache Häufung der Umgangsweisen mit Starfotografien wird am Satzende mit einem Oberbegriff versehen, der das Kaufen, An-sich-Drücken und Anfassen steigert: zum Ankauf, zur Umarmung und zum Befummeln von Prostituierten. Und damit kehrt auch in diesen Textabschnitt der Lärm ein, denn im Moment dieser Steigerung zum käuflichen Teil der Menschlichkeit wird die Überbietung der Umgangsweisen mit der Starfotografie durch den Umgang mit Prostituierten noch einmal überboten durch die steigernde Vergleichung des „more easily than": Starfotografien können sogar noch einfacher gekauft, gedrückt und befingert werden als Straßendirnen.

In ähnlicher Weise abschweifend und steigernd erscheint
auch eine Anekdote zu Beginn des Fotografie-Kapitels
in *Understanding Media*, das als Illustration für Ricks'
Beanstandung der mangelhaften Einstellung zum
wissenschaftlichen Nachweis und der lässigen Weise der
Argumentation dienen kann. Ein Hinweis auf die „trans-
forming power of the photo" wird in dieser Textpassage
nicht etwa durch Fakten, Autoritäten oder eine erläuternde
Beweisführung begründet, sondern durch eine „beliebte
Geschichte": „like the one about the admiring friend who
said, ‚My, that's a fine child you have there!' Mother: ‚Oh
that's nothing. You should see his photograph.'" (McLuhan
2008, 204) Ein solches Geschichtchen ist natürlich kein
wissenschaftlich haltbarer Beweis. Vielmehr ist es ein Witz,
der für Amüsement unter den Lesern sorgen dürfte. Die
Überzeugungskraft einer solchen Anekdote liegt weniger
in ihrer einleuchtenden Aussage oder Schlussfolgerung
als in der anschaulichen und lebendigen Redeweise, die
durch die Eröffnung einer theatralen Szene mittels der *pro-*
sopopoeia zweier sprechender Personen zustande kommt.
Die Inszenierung einer Rede in der Rede, das Vor-Augen-
Stellen einer Szene sind rhetorische Figuren, die zum Modus
der *amplificatio* gerechnet werden können (vgl. Bauer 1992,
447). Darüber hinaus enthält der aufgeführte Kurzdialog
wiederum eine überbietende Geste. Die Aussage des ersten
Redners wird vom zweiten Sprecher heruntergespielt
(„that's nothing") und durch eine hinzugefügte Begebenheit
übertroffen („see the photograph").

Die vorgestellten Formen der *amplificatio*, der semantischen
wie textuellen Steigerungen, die *Understanding Media*
zu einem großtönenden Text mit Nachlässigkeit in den
wissenschaftlichen Beweisverfahren machen, werden in
der traditionellen Rhetorik einer Redegattung zugeordnet,
die das Erörtern, Argumentieren und Nachweisen von
vornherein hinten anstellt: die Lobrede. Mit der Lobrede
muss kein strittiger Fall bewiesen werden – wie etwa in den
Reden vor Gericht – und kein Kompromiss ausgehandelt
werden – wie durch die Reden vor der Volksversammlung.

In Lobreden wird vorrangig gelobt. Nach traditioneller Auffassung widmen sich die Lobreden dem, dem alle zustimmen können, in besonderen Formulierungen, harmonisch klingenden Sätzen und überraschenden Schilderungen (vgl. Lausberg 2008, 130). Sie zählen zur epideiktischen Beredsamkeit, also allen Formen von festlicher, schmuckvoller und ausgefeilter Rede. Das marktschreierische Lob und Selbstlob, die ausschweifende Darlegung mittels überraschender Vergleiche ebenso wie die Formen verlebendigender Rede und Theatralik sind diesem Redetypus eigentümlich (vgl. Barthes 1988, 21).

Schon an ihren Anfängen im 5. Jahrhundert v. Chr., während der kultischen Feste und anlässlich der jährlichen Staatsbegräbnisse in Athen, wurde in den Lobreden beschworen, worauf sich alle einigen konnten: die Größe der Polis, die gemeinsamen Werte und die Einheit der Versammelten (vgl. Zinsmaier 1999, 376f.). Für Aristoteles, den ersten Theoretiker der Rhetorik, sind dementsprechend die Mittel der „Steigerung für Festreden *[tois epideiktikois]* am geeignetsten, denn diese nehmen alle Taten als unbestritten hin, so daß nur noch übrigbleibt, ihnen Größe und Schönheit zu verleihen" (2007, 1368a). Die Mittel der *amplificatio* übernehmen die Ausgestaltung des Unstrittigen zum Größeren und Schöneren. Der einflussreiche römische Rhetoriklehrer Quintilian geht daher davon aus, dass es bei den Lob- und Festreden weniger um die aufgeführten Sachen oder Handlungen geht als vielmehr um das „sprachliche Zurschaustellen" selbst (Matuschek 1994, 1258; vgl. Quintilianus 1988, III.4, 12f.).

Meinen Untersuchungen zufolge ist *Understanding Media* ein später Nachfahre dieser Form der Beredsamkeit. Die von Ricks zusammengefassten Eigenschaften des Klassikers der Medientheorie treffen sich mit den historischen Auffassungen von der Lobrede und setzen das Buch einer ähnlichen Kritik und einem ähnlichen Risiko aus. An den Eigenarten des „sprachlichen Zurschaustellens" nämlich stießen sich schon die Zeitgenossen der Sophisten, jener

Lehrer der Antike, welche die Rede und ihre Überzeugungs-
mittel gegen Bezahlung als erlernbare *techne* anboten. Unter
ihnen avancierte die Lobrede zur wahren Schau-Rede, denn
sie lobten auch gering geschätzte Dinge und führten sie
durch die rhetorischen Mittel der Steigerung ins Ansehen.
Die Kunstfertigkeit der Sophisten konnte insbesondere
dort brillieren, wo eigentlich unrühmliche Gestalten und
Gegenstände durch das rhetorisch versierte Lob zu allgemeiner Hochachtung geführt wurden. Insofern führten
die Schau-Reden immer auch eine Auseinandersetzung mit
den Möglichkeiten und Grenzen der Techniken der Rede
überhaupt vor (vgl. Zinsmaier 1999, 376f.).

Gorgias' Lobrede auf Helena, den „Zankapfel des Troja-
nischen Krieges" (Zinsmaier 1999, 377), oder Lukians *Lob
der Fliege* geben einen Einblick in das subversive Potenzial
von sprachlich verliehener Größe und Schönheit. Entsprechend verweist Quintilian bei seiner Behandlung der
amplificatio auch darauf, dass durch sie noch „das als groß
erscheint, was sogar weniger bedeutet" (1988, VIII.4, 3). In
der steigernden Ausgestaltung der Rede lauert mithin die
Gefahr, von der Wahrheit oder der Übereinkunft abzu-
weichen und gar die Tatsachen zu verdrehen. Der schlechte
Ruf der Rhetorik unter den Philosophen rührt von diesem
Umstand her.[2] Und selbst unter den eingefleischten
Rhetorikern Roms galt die „Fülle des Ausdrucks" der „Prunk-
rede[n]" mit ihrer „harmonischen Entsprechung von Sätzen",
der Verbindung von „Widerstreitendem", dem Vergleich von
„Gegensätzlichem" und „einander angeglichen[en]" „Satz-
schlüssen" dem ernsten Geschäft des Redners abträglich
(Cicero 2004, Kap. 12f.). Die Funktionalität von Wortvielfalt
und sprachlicher Überbietung zur Verstärkung der Überzeugungskraft der Rede wurde und wird der zweckfreien
Gestaltung und Ausbreitung verdächtigt, Geschwätzigkeit
anstelle von besonnener Redekunst veranschlagt (vgl. Bauer
1992, 448).

2   Eine klare Kritik am Vorgehen insbesondere in den Lobreden findet
     sich von Platons Sokrates im *Gastmahl* formuliert (1999, Kap. 20).

Schwätzertum, Desinteresse an den wahrheitsgemäßen Schlüssen der Philosophen und den faktenorientierten Argumentationen der Wissenschaftler wurden *Understanding Media* allzeit vorgeworfen (vgl. Heilmann 2014, 91). Die „kühnen Analogien", der „Metaphernreigen" und der „erstaunlic[h] hoh[e] Redundanzanteil" (Grampp 2011, 25) qualifizieren den Text zur Lobrede. Dabei rückt *Understanding Media*, wie die Sophisten auf der Agora, 1964 einen unterbelichteten und sogar zurückgewiesenen Gegenstand mit einigem Spektakel ins Blickfeld: die Medien. Und wie die Sophisten setzt der Text nun alles daran, das bisher Missachtete mittels der Kunst der Rede ins Ansehen zu führen, also sichtbar zu machen und seine Bedeutung anzuheben. Aus wissensgeschichtlicher Perspektive werden die stilistischen Mängel der wissenschaftlichen Publikation somit zum Einsatz für das Thema der Medien selbst und zur gekonnten Strategie bei der Begründung eines neuen Wissenschaftsfachgebietes.

Extension

Man unterschätzt die Lobrede, wenn man sie für eitle Wortmacherei hält. Und man unterschätzt die Lobrede von *Understanding Media*, wenn man die wichtigen Themen vom überbordenden Stil lediglich überrannt sieht. Das epideiktische Genre der Antike verfügt über eine verkannte Argumentationsmacht. Nach Chaim Perelmann und Lucie Olbrechts-Tyteca (2004) besteht die Wirkung einer Argumentation letztlich in der vollen Zustimmung ihrer Hörer oder Leser. Diese ist nicht allein über intellektuelle Schlussfolgerungen zu erlangen, sondern vor allem durch die Verstärkung der Intensität der Zustimmung (vgl. Perelmann, Olbrechts-Tyteca 2004, Bd. 1, 67). Hierfür liefert die Tradition der Lobreden mit ihrer Ausschöpfung der rhetorischen Figuren allerlei Lehrmaterial, das in den Argumentationsabhandlungen lange Zeit außer Acht gelassen wurde.

Die Erzeugung von Zustimmung ist zentrales Anliegen der antiken Lobreden, und die sophistischen Reden zugunsten geächteter Themen belegen die Reichweite und die erfolgversprechenden Grundlagen der Schau-Reden. So kann auch *Understanding Media* bezüglich der Zustimmung zu seinem bisher wenig beachteten Thema trotz seiner vermeintlichen stilistischen Mängel Erfolge für sich verbuchen, wie die Einschätzung Ricks' (1968, 245) ja auch zeigt: „These are all important themes …" Ein Buch zur Begründung einer neuen Wissenschaftsdisziplin mit den Mitteln der Lobrede abzufassen, hat tatsächlich einen geradezu zwingenden Charakter. Es ist ein geschickter Schachzug, um das Einverständnis, das die Lobrede anzusprechen und dabei zu verstärken sucht, auch schon vorauszusetzen. Im Gegensatz zu den Gerichts- und Versammlungsreden sieht die Lobrede nämlich keine Gegenrede vor. Hierdurch kann die preisende Rede die Zustimmung zum Behandelten immer schon unterstellen, selbst wenn es eine solche gar nicht gibt oder noch nicht geben kann (vgl. Kopperschmidt 1999, 13ff.).[3]

Die Verstärkung der unterstellten Zustimmung als zentrale Aufgabe der Lobreden sichern, wie oben ausgeführt, die Mittel der *amplificatio* ab. Die verschiedenen Formen der Steigerung, wie die „Wörter größeren Umfangs" (Quintilian), die überbietenden Vergleiche und die quantitativen Zunahmen, werden in ihrer Überzeugungskraft eingesetzt. An Spielarten dieser steigernden Formen fehlt es in *Understanding Media* nicht. Da ich davon ausgehe, dass die identifizierten rhetorischen Verfahren der Lobrede an der Formulierung des Programmes für eine allgemeine Medienwissenschaft in *Understanding Media* mitarbeiten, muss nun in einem zweiten Schritt der Zusammenhang

3   Josef Kopperschmidt verweist zur Illustration einer solchen Nötigung durch die Lobrede auf die Trauerrede des Earl of Spencer, der bei der Beerdigung seiner Schwester Diana in Westminster Abbey entgegen den herrschenden Verhältnissen diese zur Königin kürte, zur „Königin der Herzen". Da ein frenetischer Applaus von den nicht geladenen Gästen vor den Toren der Kirche ausging, waren sodann auch versammelten Mitglieder des Königshauses dazu gezwungen diese Rede zu bestätigen (vgl. ebd.).

zwischen Mitteln der Lobrede und medientheoretischer Aussagenbildung ermittelt werden. Mithin ist die Frage zu stellen, welches Wissen durch die Verfahren der Steigerung überhaupt entsteht.

Die Zugkraft der sprachlichen Mittel des Textes für eine Theorie der Medien lässt sich unter anderem anhand des Auftaktes des dreizehnten Kapitels von *Understanding Media*, „Housing: New Look and New Outlook", einsehen. Schon der Titel klingt nach dem Slogan einer Werbeanzeige und damit nach der eindringlichsten Form der Lobreden des 20. Jahrhunderts. Der Untertitel, „New Look and New Outlook", arbeitet mit Formen der *amplificatio*. Wiederholung und Anhäufung sind die stilistischen Kennzeichen dieser Formulierung. Der wiederholte Ausdruck „new outlook" weicht nur in einer Silbe von seinem Vorgänger, „new look", ab: in der Vorsilbe „out-". Durch die Hinzufügung dieser drei Buchstaben wird aus dem Gleichen etwas anderes. Es ist eine variierte Wiederholung. Aber es ist noch mehr, denn mit der Hinzufügung von lediglich drei Buchstaben – gewissermaßen eine buchstäbliche Steigerung, eine Ausdehnung und Anhäufung des ersten Ausdruckes – ändert sich die Bedeutung des Wiederholten. Der Untertitel bietet so gesehen eine Studie von Steigerung und Anhäufung im Kleinen und ist dabei ein typischer Fall epideiktischer Beredsamkeit. Der Gleichklang der Formulierung, die doch auf Verschiedenes verweist, verbindet die Freude am harmonisch Klingenden mit der umso überraschenderen Einsicht in die angesprochene Ungleichheit.[4] Allein der treffliche Ausdruck macht diese Zweiheit von Gleichartigem und Verschiedenem in der Anhäufung kenntlich. Der Untertitel führt daher ein rhetorisches Prinzip der Wiederholung und der Anhäufung vor: Bei Steigerungen und Wiederholungen wird das Gesteigerte und Wiederholte nicht mehr dasselbe sein (vgl. Groddeck 2008, 126).

---

4   Zu einigen Stilregeln vgl. Aristoteles (2007, III.2–8 (1405b–1408a)).

Nun ließe sich einwenden, dass dies doch eine recht
philologische, Buchstaben zählende Lektüre und auf
Rhetorizität abhebende Auslegung eines ganz anderen
Sachverhaltes ist, der in *Understanding Media* eigentlich
behandelt wird: etwa die Erfassung der technischen Umwelt
als Körperextensionen. Zudem zeigt der Untertitel, „New
Look and New Outlook", hauptsächlich die für McLuhan
typische Spielerei mit Worten, die ja auf nichts anderem als
der Zufälligkeit einer sprachlichen Konvention beruht. Doch
die Zufälligkeit der buchstäblichen Ähnlichkeit sollte nicht
als Zufälligkeit ihrer Verwendung missverstanden werden.
Im Kapitel „Housing" kehrt die Formulierung wieder, und
zwar an einer Stelle, an der Fragen der Intensivierung ange-
sprochen sind:

> [A] new pattern is introduced into an ancient way of
> life by the intensification of a single factor ... [T]he
> intensification of a single factor in our complex lives
> leads naturally to a new balance among our tech-
> nologically extended faculties, resulting in a new look
> and new ‚outlook' with new motivations and inventions.
> (McLuhan 2008, 136f.)

„New look" und „new outlook" sind Resultate von
Intensitätszunahmen, von Steigerungen. Beide setzen
sprachlich einen Unterschied zum Vorherigen („new") und
sind sich darin gleich, zugleich stellen sie einen kategorialen
Unterschied („look"/„outlook") sprachlich aus. Semantisch
geht mit jedem neuen „look" ein neuer „outlook", eine neue
Aussicht einher, und zwar eine neue Aussicht auf die Dinge,
eine neue Weltsicht. „New look" und „new outlook" sind
weder bloßer Zufall noch bloße Wortspielerei. Tatsächlich
geben beide Formulierungen in der Anhäufung bereits das
Thema des Kapitels und gar von *Understanding Media* an:
die grundlegende Transformation der Verhältnisse oder der
Welt durch Steigerung.

Dieser Befund bestätigt sich im ersten Absatz des
Kapitels „Housing". Hier zeigt sich, inwiefern die Mittel
der Steigerung, die sich stilistisch im Text durchsetzen,

unmittelbar mit der Frage der Medien als Körperextensionen verknüpft sind. Die Körperextensionen sind
selbst Steigerungen:

> If clothing is an extension of our private skins to store
> and channel our own heat and energy, housing is a
> collective means of achieving the same end for the
> family or the group. Housing as shelter is am [sic]
> extension of our bodily heat-control mechanisms – a
> collective skin or garment. Cities are an even further
> extension of bodily organs to accommodate the needs
> of large groups. Many readers are familiar with the way
> in which James Joyce organized *Ulysses* by assigning
> the various city forms of wall, street, civic buildings,
> and media to the various bodily organs. Such a parallel
> between the city and the human body enabled Joyce
> to establish a further parallel between ancient Ithaca
> and modern Dublin, creating a sense of human unity in
> depth, transcending history. (Ebd., 133)

In diesem Absatz folgen die Körperextensionen einer
Semantik der Steigerung, die sie selbst als Steigerungen
ausweist. Der Text schreitet vom Körperorgan des Einzelnen
und dessen Erweiterung in der Kleidung fort zur nächst-
größeren Einheit der Behausung, also einer baulichen
Erweiterung des Körpers und seiner Funktionen, die
sogleich übertroffen wird von weiteren, nun städtebaulichen
Formationen und damit räumlichen Phänomenen, die selbst
wiederum übertroffen werden von der Zeiterfahrung, mit
welcher der Abschnitt endet. Die Aneinanderreihung der
Themen und Gegenstände dieses Eröffnungsabsatzes
zum Thema „housing" gibt quantitative und qualitative
Zunahmen wieder: vom Einzelnen zum Kollektiven, vom
Räumlichen zum Zeitlichen. Diese Semantik der Steigerung
wird zudem unterstützt von epideiktischen Finessen, wie
dem Pseudosyllogismus im ersten Satz („Wenn … gilt, dann
gilt auch …") und der elliptischen, analogischen Schlussfolgerung von der Erweiterung der einzelnen Haut zur
Erweiterung einer kollektiven Haut. Als Beleg der weiteren

Extension von Körperorganen in der Stadt dient dann unter Adressierung der Übereinkunft mit den Lesern („Viele Leser sind vertraut mit …") die Ausschweifung zu James Joyces *Ulysses*, also letztlich der Verweis auf ein literarisches Werk und dessen poetische Verfahren, welcher in der Aussage zur Transzendierung der Geschichte gipfelt.

Der anschließende Textabschnitt setzt die literarische Abschweifung fort und erfasst die Körperextensionen nun auch wörtlich als Steigerungen:

> Baudelaire originally intended to call his *Fleurs du Mal*, *Les Limbes*, having in mind the city as corporate extensions of our physical organs. Our letting-go of ourselves, self-alienations, as it were, in order to amplify or increase the power of various functions, Baudelaire considered to be the flowers of growths of evil. (Ebd., 133f.)

Auch mit Baudelaire lässt sich die Stadt als korporative Ausweitung der physischen Organe des Menschen begreifen. Literatur und Poesie sind in dieser Kapitelouvertüre Belege für eine eindrückliche Reihe unterschiedlichster Gegenstände und Lebensverhältnisse, die als Extensionen des Körpers überhaupt erst in eine Reihung gebracht werden können. Doch anstatt dies als unzulässige Analogisierung und bodenlose Vergleichung anzusehen (vgl. Burke 1966, 167f.; vgl. Grampp 2011, 153f.), ist vor allem festzustellen, dass diese Reihung durch Steigerung zusammengehalten wird. Tatsächlich ist im Text die Eigenart der Lobreden auch die Eigenart der Körperextensionen bzw. der Medien: „to amplify or increase" (McLuhan 2008, 134). Es sind dementsprechend Phänomene der Steigerung oder der Zunahme, die das Programm einer allgemeinen Medienwissenschaft bestimmen müssen.

Die Auseinandersetzung mit den Lobredeeigenschaften von *Understanding Media* lenkt somit das Augenmerk auf die Frage der Steigerung, die nicht nur auf stilistischer Ebene virulent ist, sondern auch Teil der thematischen Erörterung ist. Schon im ersten Kapitel – das bekanntlich das Axiom vom Medium, das die Botschaft sei, einführt (vgl. ebd., 7–23) – erscheint die Frage der Steigerung als zentrales Anliegen der Untersuchung. An mehreren Stellen geht es um eine (Aus-)Maßänderung, die durch Medien statthat: „For the ‚message' of any medium or technology is the change of scale or pace or pattern that is introduced into human affairs" (ebd., 8). Und entsprechend ist auch das Projekt von *Understanding Media* selbst auf die Frage der Steigerung ausgerichtet: „What we are considering here … are the psychic and social consequences of the designs or patterns as they amplify or accelerate existing processes" (ebd., 8). Vornehmlich sollen in *Understanding Media* also Steigerungen und Beschleunigungen existierender Prozesse und deren Wirkungen beobachtet werden. Und die Beobachtung dieser Vorgänge führt zur Feststellung von Selbstverlusten und Entfremdung, wie es die Textpassage zu Baudelaire im Kapitel „Housing" ausdrücklich festhält: „Our letting-go of ourselves, self-alienations, as it were, in order to amplify or increase the power of various functions …" (ebd., 134)

Steigerungen setzen demnach eine wesentliche Fremdheit ein, welche die Welt, wie wir sie kannten, transformiert. Und das Verständnis dieser grundsätzlichen Transformation ist das Anliegen von *Understanding Media*, das die Medien selbst als Steigerungsverfahren begreift.

Das Wissen der (neuen) Rhetorik

Mit der Feststellung eines Fremdwerdens durch Steigerung und der angekündigten Beobachtung von Verstärkungen, Vergrößerungen oder Verbreiterungen des Vorfindlichen stellt sich *Understanding Media* allerdings, wie eingangs angedeutet, weniger an den Anfang einer allgemeinen Medienwissenschaft. Vielmehr steht die Abhandlung für einen bestimmten Punkt in der rhetorischen Tradition, der zu einem Startpunkt der Medienwissenschaft „nach McLuhan" wird. Die Frage der Steigerung wurde nämlich wie alle weiteren sprachlichen Mittel der Rede und der

Argumentation längst in der Rhetorik behandelt,[5] und
zwar anhand des Verhältnisses von Sachen und Wörtern.
Wenn es darum geht, gerade in den Lobreden „Wörter
von größerem Umfang" (Quintilian) einzusetzen, die „Fülle
des Ausdrucks" auszunutzen und noch „Gegensätzliches"
zu „vergl[e]ichen" (Cicero), so erprobt die alte Lehre vom
guten Reden immer schon den Möglichkeitsraum sprachlicher Steigerungen und führt nicht umsonst ein Arsenal
an Ratschlägen und Normen mit sich, das die Nähe oder
die Ähnlichkeit des sprachlichen Ausdruckes zu oder mit
dem zu Beschreibenden sicherstellen soll. Gerade in den
Lobreden geht es für Aristoteles (2007, I.9 (1367a)) darum,
„Eigenschaften, die den vorhandenen nahe sind, ins Treffen
[zu] führen, als wären sie dieselben." Dieser Ratschlag ist
doppelbödig, denn er ermahnt zur Nähe von Dargestelltem
und Darstellung und gibt mit seinem Konjunktiv zugleich
zu erkennen, dass noch das Nahe vom Selben abweichen
muss, „als wären sie dieselben". Tatsächlich ist mit der
sprachlichen Ausgestaltung der Rede die Nähe zu den „vorhandenen Eigenschaften" immer schon aufs Spiel gesetzt.
Das ist das Risiko, dem sich jede Lobrede aussetzt. Und
es ist die „Wiederentdeckung der Rhetorik" (Haverkamp
1998, 8) in McLuhans Stammdisziplin, der angloamerikanischen Literaturwissenschaft der 1930er und 1940er Jahre,
welche diese Problematik sprachlicher Steigerungen in
ihren Auseinandersetzungen mit der poetischen Sprache
und ihren Figurationen erkennt und zur Voraussetzung
der literaturwissenschaftlichen und -theoretischen Arbeit
macht.

Unter den alten Rhetorikern und im antiken Wissens-
gebäude der Rhetorik führten die Steigerungen, Über-
treibungen und sprachlichen Überhöhungen des Dar-
zustellenden zur unablässigen Ermahnung, Ausdruck

---

5   Ausgehend von Roland Barthes' (1988, 16f.) systematischer Unter-
     teilung der verschiedenen Praktiken und Funktionen der Rhetorik
     hat Renate Lachmann (1981, 22) die Geschichte der Rhetorik als
     Geschichte der deskriptiven und normativen Beschreibung von
     Sprachphänomenen akzentuiert.

32   und Angemessenheit des Stils zu kontrollieren, weil die
sprachlich verliehene Größe und Schönheit stets eine
Eigendynamik entfaltet (vgl. Vollhardt 1995, 256ff.[6]).
Demgegenüber entsteht in der ersten Hälfte des 20.
Jahrhunderts in Philosophie und Literaturwissenschaft
ein sprach- und erkenntnistheoretisches Interesse an
ebenjenen sprachlichen Einsätzen der Rhetorik, das sich
als Interesse am Fremdwerden (in) der Sprache fassen
lässt. In Cambridge (England) der 1930er Jahre erfolgte die
entsprechende Auseinandersetzung mit den sprachlichen
Ausdrucksweisen unter dem Schlagwort „Ambiguität".
William Empson veröffentlichte schon 1930 das Buch *Seven
Types of Ambiguity*, in dem er verschiedenen Graden der
Ambiguität poetischer Sprache nachging und die Leser mit
dem Abgrund einer wesentlichen Zweideutigkeit in der
Sprache konfrontierte. Der sprachliche Ausdruck ist eben
nicht einfach Bezeichnungsinstrument, vielmehr lässt er
mehrere Lesarten zu und verunsichert noch jede Ent-
scheidung für eine Lesart durch die stets gegebene Möglich-
keit, sprachlich – wörtlich, syntaktisch, buchstäblich, lautlich
– zu insinuieren, was realistisch, gegenständlich, logisch
nicht gegeben ist. I. A. Richards, Koautor des berühmten
The Meaning of Meaning (1923), erkannte Mitte der 1930er
Jahre – zum Zeitpunkt, als McLuhan Austauschstudent in
Cambridge war – überall eine weitreichende und subtile
Ambiguität in der Sprache. Während Ambiguität für die alte
Rhetorik ein Fehler war, ist sie für die neue Rhetorik in der
angloamerikanischen Literaturwissenschaft eine unver-
meidbare Konsequenz des Vermögens der Sprache und
unabdingbares Mittel der Äußerung (vgl. Richards 1936,
40; vgl. Burke 1951, 208). „[I]t is a systematic ambiguity in
language, so extensive, so multifarious in its appearances
and disguises, that very few remarks in this topic escape
its snares. The ambiguity protects itself, as such things do",

---

6   Zu den theoretischen Konsequenzen der sprachlichen Verfasstheit
aller Rede/Texte vgl. de Man (1987), für Lektüren und Vorführung der
sprachlichen Volten unter rhetorischen Gesichtspunkten vgl. Groddeck (2008).

schreibt Richards (1938, 136) in der Dokumentation zu einem Lektürekurs von 1935, an dem auch McLuhan teilgenommen hatte (vgl. McLuhan 1987, 58).

Mit der sprachlichen Analyse von Dichtung und Prosa, die eine Neuerung in der Literaturwissenschaft der ersten Hälfte des 20. Jahrhunderts darstellt, treten erkenntnistheoretische Probleme von Lektüre, Sprache und Signifikation in den Vordergrund. Eine grundlegende Selbstdifferenz des sprachlichen Ausdruckes verunsichert jeden selbstgewissen Umgang mit der Sprache und vor allem jede vereindeutigende Lektüre. Der Abgrund eines Fremdwerdens von vermeintlich bekannten und feststehenden Wörtern und Wendungen tut sich vor den rhetorisch versierten angloamerikanischen Literaturwissenschaftlern auf, ein Abgrund, an dem sie sich abarbeiten und den sie nicht mehr zu schließen vermögen (vgl. Richards 1938, 136f.; vgl. de Man 1987, 96–99).

Es ist eben dieser Wissenshorizont der angloamerikanischen Literaturwissenschaft der ersten Hälfte des 20. Jahrhunderts, der *Understanding Media* informiert. Das Buch arbeitet sich ebenso am Abgrund eines stets gegebenen Fremdwerdens und an den entsprechenden Transformationen von Verhältnissen und Bedeutungen ab. In seinen Lobredeeigenschaften stellt der Text einerseits die in der Literatur- und Sprachanalyse entdeckten Bedeutungswechsel in der Sprache und ihre Effekte mittels der Anhäufungen, überbietenden Vergleiche und lärmenden Steigerungen aus. Sie vermitteln ein Wissen jenseits logischer Schlüsse und faktengetreuer Wissenschaft. Und dieses Wissen ist, wie sich andererseits anhand der Steigerungsthematik auf der Gegenstandebene des Textes zeigen lässt, das Wissen vom Fremdwerden des Bekannten oder Gesetzten: „Our letting-go of ourselves, self-alienations ...“ *Understanding Media* überträgt das Wissen vom Fremdwerden (in) der Sprache, das jede Lobrede vorführt, auf das Feld der Medien und begründet so eine Theorie der Medien. Es ist eine Theorie, welche die grundlegenden

34 abendländischen Kategorien und Gewissheiten aussetzt (vgl. Hörisch 2004, 70ff.) und stattdessen den Volten der *amplificatio* nachgeht.

Bisher erschienen McLuhans Theoretisierung der Medien als Erweiterungen des menschlichen Körpers und seine Aussagen über Selbstverluste durch diese Erweiterungen immer als schlechter Anthropomorphismus. Die Darstellung diverser Gegenstände und Technologien des täglichen Gebrauches als Ausweitungen bestimmter Körper- oder Sinnesfunktionen sind als weit hergeholte Analogisierungen kritisiert worden, die den historischen und technologischen Unterschieden in keiner Weise gerecht würden und die zudem den menschlichen Körper zum Dreh- und Angelpunkt aller menschengemachten Erscheinungen der Welt stilisierten und überhöhten (vgl. Kittler 1993, 188; Leeker 2008, 350f.; Tholen 2008). Diese Auffassung des medientheoretischen Programmes McLuhans ist allerdings nur haltbar, solange man den stilistischen und den mit der Stilistik einhergehenden erkenntnistheoretischen Einsatz des rhetorischen Steigerungsmodells außer Acht lässt, das doch Pate steht für die Steigerungen der Medien. Was nämlich mit den Steigerungen der Rhetorik und der Medien nach *Understanding Media* gleichermaßen auf dem Spiel steht, ist die Identität des Gesteigerten. Die amplifizierenden Körperextensionen entsprechen nicht lediglich einfachen Hinzufügungen, Verstärkungen des Vorhandenen (vgl. McLuhan 2008, 12), sondern sie entsprechen einem wesentlichen Fremdwerden. Die einfache Rückführung von der Körperextension auf den menschlichen Körper oder ganz und gar auf den Menschen ist in der Steigerungseigenart der Ausweitungen gerade nicht gegeben. McLuhan ging es so gesehen nie um eine anthropomorphe Theoretisierung der Medien, sondern um die Erkenntnis einer wesentlichen Fremdheit, die Medien einführen und deren Modell die rhetorische Steigerung der Lobreden ist. Das ist meiner Ansicht nach der springende Punkt für eine allgemeine Medienwissenschaft, die fünfzig Jahre nach Erscheinen von *Understanding Media* das Lob der hat.

Literatur

Aristoteles. 2007. *Rhetorik*. Stuttgart: Reclam.

Barthes, Roland. (1970) 1988. „Die alte Rhetorik." In *Das semiologische Aben-teuer*, 15–101. Frankfurt a. M.: Suhrkamp.

Bauer, Barbara. 1992. „Amplificatio." In *Historisches Wörterbuch der Rhetorik*. Bd. 1, herausgegeben von Gert Ueding et al., 445–471. Tübingen: Niemeyer.

Burke, Kenneth. 1951. „Rhetoric: Old and New." *Journal of General Education* 5 (3): 202–209.

Burke, Kenneth. 1968. „Medium as ‚Message': Some Thoughts on Marshall McLuhan's *Understanding Media: The Extensions of Man* (and, secondarily, on *The Gutenberg Galaxy*)." In *McLuhan: Pro & Con*, herausgegeben von Raymond Rosenthal, 165–177. New York: Funk and Wagnalls.

Cicero. 2004. *Orator/Der Redner*. Stuttgart: Reclam.

Empson, William. (1930) 1949. *Seven Types of Ambiguity*. London: Chatto and Windus.

Grampp, Sven. 2011. *Marshall McLuhan: Eine Einführung*. Konstanz: UVK.

Groddeck, Wolfram. 2008. *Reden über Rhetorik: Zu einer Stilistik des Lesens*. Frankfurt a. M., Basel: Stroemfeld.

Haverkamp, Anselm. 1998. „Einleitung: Die paradoxe Metapher." In *Die paradoxe Metapher*, herausgegeben von dems., 7–25. Frankfurt a. M.: Suhrkamp.

Heilmann, Till A. 2014. „Ein Blick in den Rückspiegel: Zur Vergangenheit und Gegenwärtigkeit von *Understanding Media*." *Navigationen* 14 (2): 87–101.

Hörisch, Jochen. 2004. *Eine Geschichte der Medien: Vom Urknall zum Internet*. Frankfurt a. M.: Suhrkamp.

Kittler, Friedrich A. 1993. „Geschichte der Kommunikationsmedien." In *Raum und Verfahren*, herausgegeben von Jörg Huber, 169–188. Zürich: Stroemfeld, Roter Stern.

Kopperschmidt, Josef. 1999. „Zwischen Affirmation und Subversion: Einleitende Bemerkungen zur Theorie und Rhetorik des Festes." In *Fest und Festrhetorik: Zu Theorie, Geschichte und Praxis der Epideixis*, herausgegeben von Josef Kopperschmidt und Helmut Schanze, 9–21. München: Fink.

Lachmann, Renate. 1981. „Rhetorik: alte und neue Disziplin." *Berichte zur Wissenschaftsgeschichte* 4 (1–2): 21–29.

Lausberg, Heinrich. 2008. *Handbuch der literarischen Rhetorik: Eine Grundlegung der Literaturwissenschaft*. Stuttgart: Franz Steiner.

Leeker, Martina. 2008. „Camouflagen des Computers: McLuhan und die Neo-Avantgarden der 1960er Jahre." In *McLuhan neu lesen: Kritische Analysen zu Medien und Kultur im 21. Jahrhundert*, herausgegeben von Derrick de Kerckhove, ders. und Kerstin Schmidt, 345–375. Bielefeld: Transcript.

Man, Paul de. 1987. „Der Widerstand gegen die Theorie." In *Romantik, Literatur und Philosophie*, herausgegeben von Volker Bohn, 80–106. Frankfurt a. M.: Suhrkamp.

36   Matuschek, Stefan. 1994. „Epideiktische Beredsamkeit." In *Historisches Wörterbuch der Rhetorik*. Bd. 2, herausgegeben von Gert Ueding, 1258–1267. Tübingen: Niemeyer.

McLuhan, Marshall. 1987. *Letters of Marshall McLuhan*, herausgegeben von Matie Molinario, Corinne McLuhan und William Toye. Toronto, Oxford, New York: Oxford University Press.

McLuhan, Marshall. (1964) 2008. *Understanding Media: The Extensions of Man*. London, New York: Routledge.

Perelman, Chaim und Lucie Olbrechts-Tyteca. (1958) 2004. *Die neue Rhetorik: Eine Abhandlung über das Argumentieren*. 2 Bde., herausgegeben von Josef Kopperschmidt und übersetzt von Freyr R. Varwig. Stuttgart, Bad Cannstatt: Frommann-Holzboog.

Platon. 1999. *Das Gastmahl oder Von der Liebe*. Stuttgart: Reclam.

Quintilianus, Marcus Fabius. 1988. *Institutionis Oratoriae Libri XII/Ausbildung des Redners*. 2 Bde., herausgegeben und übersetzt von Helmut Rahn. Darmstadt: Wissenschaftliche Buchgesellschaft.

Richards, Ivor Armstrong. 1936. *The Philosophy of Rhetoric*. New York, London: Oxford University Press.

Richards, Ivor Armstrong. 1938. *Interpretation in Teaching*. London: Kegan Paul, Trench, Trubner & Co., Ltd.

Ricks, Christopher. 1968. „The style is a viscous fog, through which loom stumbling metaphors." In *McLuhan Hot & Cool: A Primer for the Understanding of and a Critical Symposium with Responses by McLuhan*, herausgegeben von Gerald Emanuel Stearn, 244–250. Harmondsworth, Ringwood: Penguin Books.

Tholen, Georg Christoph. 2008. „Mit und nach McLuhan: Bemerkungen zur Theorie der Medien jenseits des anthropologischen und instrumentellen Diskurses." In *McLuhan neu lesen: Kritische Analysen zu Medien und Kultur im 21. Jahrhundert*, herausgegeben von Derrick de Kerckhove, Martina Leeker und Kerstin Schmidt, 127–139. Bielefeld: Transcript.

Vollhardt, Friedrich. 1995. „Zur Selbstreferenz im Literatursystem: Rhetorik, Poetik, Ästhetik." In *Literaturwissenschaft*, herausgegeben von Jürgen Fohrmann und Harro Müller, 249–272. München: Fink.

Zinsmaier, Thomas. 1999. „Epideiktik zwischen Affirmation und Artistik: Die antike Theorie der feiernden Rede im historischen Aufriss." In *Fest und Festrhetorik: Zu Theorie, Geschichte und Praxis der Epideixis*, herausgegeben von Josef Kopperschmidt und Helmut Schanze, 375–398. München: Fink.

GESTALTTHEORIE

ELEKTRIZITÄT

CAUSA FORMALIS

UNMITTELBARKEIT

[2]

Warum ist das Medium die Botschaft?

Florian Sprenger

Die zentrale These von Marshall McLuhans Medientheorie lautet: „The medium is the message". Die epistemologischen Rahmenbedingungen und die historische Fundierung dieses Satzes berühren drei Themenfelder: McLuhans Bezug auf die Gestalttheorie, die angenommene Instantanität der Elektrizität und das Kausalmodell der *causa formalis*. Diese drei Säulen implizieren jedoch zugleich eine Unmittelbarkeit, die der Grundlegung einer Theorie der Medien widerspricht.

Die folgenden Ausführungen gelten einer vermeintlich naheliegenden Frage, die aber selten gestellt wird: Warum ist das Medium die Botschaft? Die zentrale These, die *Understanding Media* zugrunde liegt, wurde bislang kaum aus ihrem Kontext heraus verstanden. Meine Überlegungen zielen nicht so sehr auf eine systematische medientheoretische Auseinandersetzung. Vielmehr versuchen sie, eng am Text aufzuzeigen, welche Antworten McLuhan auf diese Frage gibt – Antworten, die man vielleicht nicht erwarten würde und die seine enge Bindung an drei philosophie- und wissenshistorische Probleme aufzeigen: die Gestalttheorie, die Instantanität der Elektrizität und die damit einhergehende Kausalität der *causa formalis*.

McLuhan vollzieht in seiner Beschäftigung mit Medien eine Blickwendung, die als Initiation einer eigenständigen Medienwissenschaft gelten kann, als ihr „epistemologischer Einsatz". Mit seinem Diktum „the medium is the message", erstmals 1958 formuliert,[1] wendet McLuhan den Blick weg von den Inhalten hin auf die Medien, die diese Inhalte vermitteln. Sein Anspruch liegt darin, die konstitutive Funktion von Medien und ihren Einfluss auf Kultur, Gesellschaft und Wahrnehmung hervorzuheben, indem er ihre Effekte wiederum als Ursachen begreift. Der Anspruch von McLuhans „media theory" begreift sich dort als aufklärerisch, wo diese Funktionen, Geschichten und Strukturen beleuchten und erforschen will, ihr Gegenstand aber beständig zu verschwinden droht. Diese Perspektive und die Frage, wie sich neue Medien beschreiben lassen, die in das Gefüge alter Medien eingreifen oder aus ihnen entstehen, also die Frage nach der kulturellen Wirkmacht von Medien, hat sich McLuhan in aller Dringlichkeit gestellt und sie zugleich auf die vor allem durch die Krise der Physik in der ersten Hälfte des 20. Jahrhunderts evozierten Verschiebungen der Konzepte von Kausalität bezogen. Seine Anstrengungen galten dem Umgang mit einem Gegenstand, der sich entzieht, und seine theoretischen Überlegungen gehen immer wieder von dieser Barriere aus.

1   Diese Wendung benutzt McLuhan erstmals 1958 in einem Vortrag (vgl. Marchand 1998, 198). Eine ähnliche Idee wird bereits im Jahr 1957 in *Verbi-Voco-Visual Explorations* artikuliert, einer von McLuhan (1967) betreuten Ausgabe der gemeinsam mit Edmund Carpenter herausgegebenen Zeitschrift *Explorations*.

Die Wirkungen eines Mediums liegen, so McLuhan, nicht in dem, was es transportiert und worauf der Blick traditionellerweise gerichtet war. „Indeed, it is only too typical that the ‚content' of any medium blinds us to the character of the medium" (McLuhan 1964, 24). Mit seinem Satz „the medium is the message" stellt er das Verhältnis auf den Kopf: Das Entscheidende an Vermittlungen ist der Einfluss des Mediums auf das, was es überträgt, sowie die daraus folgende Umgestaltung der kulturellen, aisthetischen oder sozialen Ordnung. „The ‚message' of any medium or technology is the change of scale or pace or pattern that it introduces into human affairs" (ebd., 24). Ein neutrales Medium gibt es demzufolge nicht. Mit der Vorstellung einer transparenten Zugänglichkeit von gleichbleibenden Inhalten in „durchlässigen Behältern" und einer „pipeline for transportation" (zit. nach Patterson 1990, 100) will McLuhan aufräumen. Der Buchdruck etwa verstärke den Nationalismus, weil er die Sprache eines Landes homogenisiere, für alle Lesenden auf einen Nenner bringe und damit deutlicher von fremden Sprachen unterscheidbar mache. Das englische Volk gibt es, so McLuhan, erst als das englische Bücher schreibende und lesende Volk. Was in den gedruckten Büchern steht, sei dagegen irrelevant.

Diese Veränderungen von Größenordnungen, Geschwindigkeiten und Verhältnissen gehen zwar auf das Medium zurück, aber ein einfaches Ursache-Wirkungs-Verhältnis kann aus McLuhans Sicht nicht weiterhelfen. Nach einem solchen Schema wäre das Medium die Ursache für den Inhalt und der Inhalt wiederum die Ursache für eine Wirkung beim Empfänger: etwa Verständnis oder eine Handlung. All das interessiert McLuhan nicht. Der Wahrheitsanspruch des Satzes ist ein anderer. Darauf deutet schon seine fünffache Bedeutung hin: Erstens spricht er das Medium als „message", als Botschaft, an; zweitens das Medium als „massage", als Massage der Sinne oder Ausweitung; drittens das Medium als „mess-age", d. h. als Zeitalter der Unordnung; viertens das Medium als „massage", d. h. als Massen-Zeitalter; sowie fünftens, gerne unterschlagen (so etwa Theall 2001, 47), das Medium als Zeitalter der „mass" im Sinne einer Messe, eines Gottesdienstes.

McLuhan geht auch über die schlichte Feststellung hinaus, dass dieselben Inhalte in verschiedenen Medien andere Effekte hervorrufen – etwa Shakespeare als Theater, als Hörspiel oder als Buch. Die Effekte von Medien zu fokussieren bedeutet, aus einer Logik auszusteigen, die in Medien lediglich Ursachen für Wirkungen sieht, also das Fernsehen als Ursache für das Erscheinen eines Bildes und Gewalt in Fernsehsendungen als Ursache für Gewalt auf den Straßen. McLuhans Einsatz ist eng verbunden mit einem Nachdenken darüber, welche epistemologischen Bedingungen Medien beobachtbar machen, was also die Voraussetzungen seines Blickwechsels sind. Genau darum soll es nun gehen.

„The medium is the message" wird in *Understanding Media* im Zusammenhang mit dem Kubismus eingeführt, der Verfahren entwickelt habe, das Medium zur Botschaft zu machen (vgl. McLuhan 1964, 29). Der Kubismus zeige mehrere Perspektiven zugleich: innen und außen, vorne und hinten, oben und unten, Hintergrund und Figur. Der Satz wird als ähnlich epochale Blickwendung inszeniert wie die Umstülpung der Wahrnehmungsverhältnisse durch die moderne Kunst, als Schock für eine Welt, die sich mit Inhalten begnügte und damit die Effekte von Medien vergaß. Diese Auswirkungen des Mediums auf den Inhalt und die Botschaft seines *impacts* zu erkennen ist Produkt des Aufstiegs der Elektrizität zur Grundlage globaler Kommunikation.

Um meine Überlegungen vorab zusammenzufassen: Für McLuhan macht die globale Simultanität der Elektrizität Medientheorie erst intelligibel, weil Medien – gestalttheoretisch formuliert – im Hintergrund standen, aber nur in einer Gleichzeitigkeit von Figur und Hintergrund als Medien erkennbar sind. Dies wiederum führt zu einer Umkehrung der Erklärungsmacht von Kausalität, vom Ursache-Wirkungs-Schema der *causa efficiens* hin zur *causa formalis*, die eben solche Gleichzeitigkeiten erfassen kann

und damit im Medium die Botschaft erkennbar macht.
Den Inhalt eines Mediums in den Vordergrund zu rücken
muss dabei als Blindheit erscheinen, weil so die dahinter
liegenden Verhältnisse verdeckt werden.

Gestalttheorie

Für das gestalttheoretische Figur-Hintergrund-Schema, auf
das sich McLuhan an vielen Stellen beruft, ist ein Medium
etwas, das hinter die Figur zurücktritt und durch seine
Eigenschaftslosigkeit der Figur erlaubt zu erscheinen.
Die Figur aber ist nicht ohne Hintergrund oder hervor-
bringendes Medium zu erkennen. Gemeinsam bilden sie
eine Gestalt.

Jede Wahrnehmung hat, so die zugrunde liegende These,
einen Fokus der Aufmerksamkeit, der Figuren vor einem
selbst nicht wahrgenommenen Hintergrund heraushebt.
Die Figuren werden erst vor dem diffusen Hintergrund als
abgegrenzte Figuren erkennbar, indem sie sich von ihm
unterscheiden, aber in diesem Prozess auf ihn angewiesen
sind. Der Hintergrund kon-figuriert. Die Unterscheidung
von Figur und Hintergrund wird vom Beobachter im
Übergang „gemacht", aber beide Bestandteile müssen
zugleich vorhanden sein. Sie sind „gleichzeitig" – dies wird
noch bedeutsam werden – und irreduzibel aufeinander
angewiesen. Es gibt jedoch keine Verbindung zwischen
Figur und Grund in dem Sinne, dass das eine aus dem
anderen folgen würde. Als Hintergrund der Figur „Auto"
kann die Infrastruktur der Straßen, der Kfz-Werkstätten
und der Tankstellen gedeutet werden (aber auch umgekehrt), und als Hintergrund von Wissen das Nicht-Wissen
– was besagt, dass Lernen das Nicht-Wissen verstärkt. Im
Prozess der Wahrnehmung oder intellektuellen Erkenntnis
ist immer nur eine Seite erkennbar, die zur Figur wird. Man
sieht entweder die Schrift oder das Papier. Man erkennt
entweder das Medium oder seinen Inhalt. Der Hintergrund bleibt unsichtbar, denn wenn er fokussiert wird,
ist er zur Figur und die vormalige Figur zum Hintergrund

44 geworden. Das Figur-Grund-Schema greift insofern in die
Systematik von McLuhans Medienbegriff ein, als Inhalt
und Medium je nach Beobachterperspektive als Figur oder
als Grund beschrieben werden können. Der Hintergrund
eines Mediums, das zur Figur wird, ist auch ein Medium.
Die Botschaft, die das Medium ist, ist demnach weder in
der Figur noch ausschließlich im Hintergrund zu situieren,
sondern in ihrer gegenseitigen Hervorbringung, und diese
Hervorbringung ändert sich mit elektrischen Medien auf
radikale Weise. In einer eigentümlichen Wendung machen
sie ganze Gestalten und die Gleichzeitigkeit von Figur und
Grund sichtbar. „The meaning is constructed by a kind of
double vision that alternates between content and form and
integrates the two into a unity that involves an awareness
of the total pattern of content and form" (Gibson 2008,
164). Die beiden Unterscheidungen von Figur und Hintergrund sowie von Form und Inhalt dürfen allerdings nicht
gleichgesetzt werden, weil sie unterschiedliche Ebenen
bespielen. Auch mit Fritz Heiders Unterscheidung von Form
und Medium sollte sie nicht vorschnell parallelisiert werden.

Erst die Differenz zum Grund macht die Figur zur solchen,
und diese Grenze kann sich jederzeit verschieben. Der
Grund ist nicht einfach passiv oder untergeordnet,
sondern steht in zahlreichen Wechselverhältnissen mit
der Figur, in die er eingreift. Diese Verhältnisse variieren
je nach Situation und sind entsprechend immer wieder
neu zusammengesetzt. Der Hintergrund ist der blinde
Fleck jeder Wahrnehmung, der zwar konstitutiv ist, aber
selbst nicht wahrgenommen werden kann. Wenn ihm die
Aufmerksamkeit gilt, ist er kein blinder Fleck mehr. Das
Figur-Grund-Schema interveniert insofern in die Systematik
von McLuhans Medienbegriff, als Inhalt und Medium je
nach Beobachterperspektive als Figur oder als Grund
beschrieben werden können. Wie bei Medien die Bevorzugung der Inhalte würde eine einseitige Beobachtung
von Figuren den Hintergrund vernachlässigen, der das
Zustandekommen von Figuren erst ermöglicht. „Graeco-
Roman, or visual man, has consistently studied the figure

minus the ground" (Brief an Barbara Ward vom 9.2.1973,
McLuhan 1987, 467).

Gestalttheoretisch betrachtet bedeutet Medientheorie, den
Blick zu wenden und ihn auf einen Bereich zu lenken, der
sonst nicht gesehen wird. Diese Blickwendung wiederum
lässt zwar anderes als Hintergrund verblassen, macht aber
in jedem Fall die Verschränkung von Figur und Hintergrund deutlich. Eine solche Erörterung der wechselseitigen
Veränderungen von Figur und Grund rückt McLuhan
an die Stelle der Beschäftigung mit Inhalten. Denn der
isolierte Blick allein auf Figuren als Inhalte ohne Hintergrund verdeckt das Medium. Die Gestalttheorie liefert
Konzepte, um die gegenseitige Verflechtung von Figur und
Hintergrund auch für die Erkenntnis von Medien anzu-
wenden und die Blindheit für Medien zu überwinden.
Der eigene Standpunkt des Beschreibens und die Medien
dieser Beschreibung fließen dabei in die Betrachtungen
mit ein. Medien sind demnach relational und differenziell
bestimmt: als Infrastrukturen des Handelns, des Wahr-
nehmens und des Denkens, woraus sich die prominente
Stellung einer Wissenschaft der Medien erklärt. Ihren
Begriff kann sie daher nicht voraussetzen: „The medium is
the message because the environment transforms our per-
ceptions governing the areas of attention and neglect alike"
(McLuhan 1970, 513).

Aber der Hintergrund als Hintergrund bleibt unsichtbar,
weil die Umwelt für den, der in ihr lebt, nicht beobachtbar
ist – es sei denn, es wird etwa durch die Kunst oder eben
durch Medientheorie möglich, zwischen verschiedenen
Perspektiven auf Figuren und Hintergründe zu wechseln.
Entsprechend formuliert McLuhan den zentralen Anspruch
an die Kunst in der Herstellung eines Gegenmittels: *anti-
environments* (vgl. McLuhan 1964, IX, Vorwort zur zweiten
Auflage). In einem *anti-environment* können Gestalten aus
Figuren und Hintergründen so verschoben werden, dass für
den, der sie erkennt, ihre Bestandteile erkennbar werden.
Wie McLuhans eigene Arbeit gewohnte Lektüren oder

Wahrnehmungsweisen aufbrechen will, so soll die Kunst
immer neue Gegenentwürfe für gewohnte Figuren hervorbringen. Künstler haben bevorzugten Zugang zu den
Verschiebungen von Figur und Grund, weil sie mit Figur-
bildungsprozessen vertraut sind. Sie müssen für jede Figur,
die sie zeigen, Hintergründe produzieren. Der kreative
Prozess, so schildert es McLuhan, beginnt mit der Idee eines
Effektes, von der aus die Künstler Ursachen schaffen, welche
die Effekte hervorrufen, eben Kunstwerke (ebd., XI). Das
Verfahren der Künste ist die *causa formalis*. Deshalb sind
sie in der Lage, solche Hintergründe anzufertigen, die vertraute Schemata auflösen und sichtbar machen. Ein solches
anti-environment greift direkt in den Sinnes- und Erkennt-
nishaushalt ein. Kunst soll, so die Aufgabe, die McLuhan ihr
stellt, gewohnte Wahrnehmungsmuster und Denkweisen
provozierend auflösen – also nicht nur darstellen, sondern
intervenieren.

Als Hintergrund, der Figuren prägt, sind Medien unhintergehbar. Streng genommen sind sie nie als Medien, als
Hintergrund beobachtbar. McLuhan hält diesem Einwand
entgegen, dass mit der Elektrizität Hintergründe zu Figuren
und deshalb beobachtbar werden. Die Instantanität gewähr-
leistet, so viel sei vorweggenommen, die epistemologische
Grundierung der gestalttheoretischen Medientheorie in
der mediengeschichtlichen Situation der 1960er Jahre. Im
Akt des Beobachtens können Figur und Grund nie gleichzeitig sein. Elektrizität öffnet diese Schranke und macht
den Weg frei für *media theory*: „Under conditions of electric
simultaneity the ground of any figure tends to become more
and more noticeable" (McLuhan 1974, 51). Indem McLuhan
die Gestalt aus der Wahrnehmung löst und auf Medienpro-
zesse bezieht, kann die gleichzeitige Angewiesenheit der
Figur auf den Grund zu einem Erkenntnismoment werden,
das erst durch die Elektrizität in vollem Umfang erkennbar
wird. Da Medien als Hintergrund unsichtbar sind, werden sie
erst sichtbar, wenn ihr Effekt in einer Gleichzeitigkeit liegt,
die sie als Gestalten beobachtbar macht. Mit elektrischer
Leuchtreklame beispielsweise ist das Medium im selben

Moment wie der Inhalt zu erkennen, den es überträgt. Mit dieser Übereinstimmung von Medium und Botschaft trotz eines verschiedenen Inhaltes wird Unmittelbarkeit in das Gewebe der Medientheorie verflochten. Elektrische Medien erlauben es, Figur und Hintergrund, sie selbst und ihren Inhalt wahrzunehmen und so die Prozesse der gegenseitigen Hervorbringung zu beobachten, weil diese Medien instantan sind. So wird das Medium zur Botschaft, aber es wird auch deutlich, dass die Gestalttheorie selbst erst entstehen konnte, als es elektrische Medien gab. Diesen historischen Zusammenhang benennt McLuhan als eine der Voraussetzungen von *media theory*. Medien werden dabei einerseits als das gekennzeichnet, was für gewöhnlich im Hintergrund bleibt und deshalb hervorzuholen ist, andererseits als das Intervall zwischen Figur und Hintergrund. Sie lassen eine Figur erscheinen und mit ihr den Hintergrund, vor dem diese wahrgenommen wird, weil im Zeitalter der Elektrizität die Beobachtung von Figuren hoffnungslos veraltet erscheint. Die Elektrizität führt, so ließe sich behaupten, ihre eigene Denkbarkeit mit sich. Anders formuliert: Das zu Erklärende wird als Erklärung vorausgesetzt.

Elektrizität

Mit *The Gutenberg Galaxy* und *Understanding Media* von 1962 und 1964 wird Elektrizität zu einem Gravitationszentrum, um das McLuhans Denken unablässig kreist, indem er einige ihrer Eigenschaften generalisiert: eine Gleichzeitigkeit der Wirkung und Übertragung, ihre Ausbreitung mit einer für instantan, also zeitlos erklärten Geschwindigkeit und die Ubiquität ihrer Phänomene quer durch alle Bereiche der nordamerikanischen Kultur. Elektrizität ist seitdem das Schema, das McLuhan Medien denken lässt. Seine Überlegungen fasst er in einem späteren Interview zusammen:

> Electric is always instantaneous; there is no delay.
> That's why you don't have a body. Instantaneous
> communication is minus the body. So that began with

the telegraph. The telegraph also has that built-in dimension of the instantaneous and it completely transformed news and information. The mere speed. Didn't matter what was written; the fact that it went at the speed of light transformed everything. (McLuhan 1978)

Elektrizität ist demnach die Kraft, die im 20. Jahrhundert Medien als Medien wirken lässt. Ihre Effekte inspirieren demnach keine Theorie der elektrischen Medien, sondern vielmehr, metaphorisch gesprochen, eine elektrifizierte Theorie der Medien.

McLuhans Denken behandelt nicht nur die Elektrizität, sondern will zeigen, welchen Einfluss die Strukturwandlungen durch Elektrizität auf eben dieses Denken haben, wird also, wie man sagen könnte, von ihr formatiert. „So the greatest of all reversals occurred with electricity that ended sequence by making things instant" (McLuhan 1964, 27). Elektrizität ruft „the causes of things" (McLuhan 1964, 27) ins Bewusstsein und bedeutet „re-cognizing process patterns in the ground of existence" (McLuhan und Nevitt 1973, 10).

McLuhans Diagnose lautet: Die Kategorien der *humanities* ebenso wie die der klassischen Naturwissenschaft sind für die neuen elektrischen Medien nicht brauchbar. Ihre Anwendung unter zeitgenössischen Bedingungen sei vielmehr als „escape into understanding" (McLuhan 1960, 575) zu verstehen. Die Ablösung der klassischen Erklärungsweisen resultiert aus einer Geschwindigkeit, für welche die althergebrachten, linearen, vom Buchdruck stammenden, rationalistischen Denkweisen keine Methode hätten. Weil sie das Denken dieser Kausalität der Simultanität nach dem langen Schlaf des Buchdruckes wiedererweckt, wird die Elektrizität zur Bedingung, die Auswirkungen der Elektrizität denken zu können. In der Gutenberg-Galaxis kann keine Medientheorie entstehen, weil ihr mangels Elektrizität das Instrumentarium fehlt, mehr als grundlose Figuren zu beobachten. „Today it is the instant speed of electric information that, for the first time, permits easy

recognition of the patterns and the formal contours of
change and development" (McLuhan 1964, 305). Sie macht
Zusammenhänge gerade dort sichtbar, wo sie aufgrund
der Gewöhnung an eine mechanische Kausalität, die als
naturgegeben galt, unsichtbar geworden waren. Schlicht
ausgedrückt: „Before the electric speed and total field, it
was not obvious that the medium is the message" (McLuhan
1964, 28).

Für McLuhan ist diese Elektrizität zu allen historischen
Zeitpunkten gleich: gleichzeitig. Er überspringt alle Veränderungen, historischen Entwicklungen und Brüche des
Wissens um Elektrizität. Ursachen und Wirkungen müssen
mit ihrem Auftauchen nicht mehr von einem zeitlichen
Abstand getrennt sein, der sie aufeinanderfolgen lässt.
Effekte und Ursachen, aus McLuhans Sicht die wichtigsten
Instrumente der neuzeitlichen Wissenschaft, verwischen,
wenn die Geschwindigkeit der Übertragung der Licht-
geschwindigkeit entspricht. Ursache und Wirkung werden
zu einem uneinholbaren Spiel, da ihre zeitliche Aufeinander-
folge aufgehoben wird. Weil sich die Telegrafie, das Radio,
das Fernsehen und andere elektrische Medien durch die
Elektrizität instantan verbreiten und damit ihr eigenes Live-
Sein ermöglichen, muss die Beschreibung der Effekte und
der Botschaft dieser Medien auf eine andere Kausalität als
die *causa efficiens* von Ursache und Wirkung zurückgreifen:
auf die *causa formalis*, eine Wirkung durch Form (vgl. dazu
Bunge 1987). In ihr erscheinen die Effekte vor oder gleichzeitig mit den Ursachen. Elektrische Medien liefern die Tools
zu ihrem eigenen Verständnis.

Die Gleichzeitigkeit von Figur und Hintergrund spiegelt
sich in zwei Hinsichten: in der Gleichzeitigkeit, welche
die Elektrizität einführt, weil sie erlaubt, überall simultan
anwesend zu sein und in der Gleichzeitigkeit von Akustik
oder Taktilität, weil man Verschiedenes zugleich hören und
nur Anwesendes fühlen kann. Durch die Überkreuzung
der Instantanität der Übertragung mit den Effekten der
Simultanität von Figur und Grund ist Elektrizität ein

akustisches und taktiles Medium. Die Simultanität des akustischen Raumes äußert sich darin, dass Figuren und Hintergründe immer zugleich wahrgenommen werden, weil alles instantan ist. Auch für das Tasten gilt eine Gleichzeitigkeit, denn das Intervall, das zwischen Tastendem und Betastetem liegt, erlaubt keine Unterscheidung zwischen Figur und Grund, zwischen aktiv und passiv. Die Gleichzeitigkeit der Elektrizität impliziert in allen drei Dimensionen – Übertragung, Akustik, Taktilität – eine Unmittelbarkeit, die keine Trennung mehr braucht. Der visuelle Raum hingegen bedeutet Abstraktion: Figuren werden in ihm gänzlich isoliert vom Hintergrund wahrgenommen. Im visuellen Raum gibt es keine Gleichzeitigkeit, weil es keine Verbindung in der Trennung gibt, nur Figuren ohne Grund. „Prior to visual space, formal cause coincided with logos as a figure/ground concern with the thing, structurally inclusive of its whole pattern of side-effects on the ground of users" (McLuhan und McLuhan 1988, 89).

Elektrizität als Träger anderer Inhalte, als Medium also, ob als Telegraf, als Radio, als Fernsehen oder als Computer, kann in dem Sinne Botschaft sein, dass sie in allem, was sie in sich aufnimmt, zunächst sich selbst mitteilt. Diese Botschaft ist die Botschaft, die das Medium ist. Das Medium kann einen von ihm verschiedenen Inhalt und doch sich selbst zur Botschaft haben. Die Elektrizität geht insofern über alle anderen Medien hinaus beziehungsweise macht das theoretische Gerüst ihrer Erklärung erst möglich, weil sie wegen ihrer Instantanität Medium und Botschaft in einem sein kann. Elektrizität hat nicht sich selbst zum Inhalt, aber zur Botschaft. Diese Botschaft kann darin bestehen, keinen Inhalt zu haben wie beim elektrischen Licht. Die Auswirkungen dieses Mediums liegen in der Instantanität und in der Generierung eines Standpunktes, von dem aus *media theory* als Beobachtung der Botschaften, die Medien sind, möglich wird.

Elektrizität ist damit Medium und Botschaft, und das eine zu erkennen bedeutet, das andere zu erkennen. Das Aufgehen

des Mediums in der Botschaft, die es selbst ist, ist mit der
Gleichzeitigkeit von Figur und Hintergrund verkoppelt,
die durch die Instantanität der Elektrizität erkennbar und
wirkmächtig wird. Das Hindernis ihrer Erkenntnis, das in
der Bevorzugung von Figuren ohne Grund lag, ist damit
aufgehoben.

Der nächste Schritt ist nur konsequent. Lediglich ein einziges anderes Medium hat, dem historisch gewachsenen
Medienbewusstsein des Katholizismus zum Trotz, ähnliche
Auswirkungen wie die Elektrizität: „In Jesus Christ, there
is no distance or separation between the medium and the
message", so der eigenwillige Katholik, „it is the one case
where we can say that the medium and the message are
fully one and the same" (McLuhan 1999b, 103). Wenn nur
Licht, Elektrizität und Jesus, oder vielleicht nur Jesus allein,
Medien ohne Inhalt oder gar das Medium einer Botschaft
als Botschaft des Mediums sind, erscheinen in dieser Verkettung alle anderen Medien „unrein" und „befleckt". „The
actual obsession with efficient causality ... is basic to the
protestant outlook" (McLuhan 1999a, 37).

Causa Formalis

Dieser Wechsel von Erklärungsmodellen für Ver-
ursachungen jeglicher Art ist nicht einfach ein Schritt in
der Analyse von Kausalitätsverhältnissen, durch den eine
bessere Erklärung angestrebt wird. Er ist aus McLuhans
Sicht eine historische Notwendigkeit, die durch Elektrizität
ausgelöst wird. Die durch den Buchdruck bedingte Aus-
schaltung des Formbegriffes, der erklären kann, warum das
Medium die Botschaft ist, wird mit der Elektrizität aus-
geschaltet. Dazu ist diese in der Lage, weil sie instantan ist.
„In the age of circuitry the consequences of any action occur
at the same time as the action" (McLuhan 1966, 97).[2]

2   Diese Rolle der Kausalität hat auch Oliver Lerone Schultz (2005)
    beschrieben, allerdings unter Ausblendung der *causa formalis* und
    ihrer historischen Formation.

Mit dem für McLuhan zentralen, aber in der Auseinandersetzung mit der *media theory* viel zu selten beachteten Kausalitätskonzept kippt der Grund in die Figur. Verursachung hat Aristoteles folgend (in den lateinischen Übersetzungen) vier Dimensionen: die *causa materialis*, die das bezeichnet, woraus etwas entsteht; die *causa efficiens*, die angibt, wodurch etwas in Bewegung gebracht wird; die *causa finalis*, die das Ziel von etwas markiert; und eben die *causa formalis*, die die gestaltende Struktur von etwas hervorhebt, ihr *eidos* oder ihr *paradeigma* (so ist etwa das Verhältnis 2:1 die *causa formalis* der Oktave).[3] Das berühmte Beispiel aus der *Metaphysik* des Aristoteles ist eine Statue: Sie hat als *causa materialis* den Marmor, als *causa formalis* ihre Form oder ihr Muster, als *causa efficiens* das Werkzeug, mit dem sie hergestellt wird, und als *causa finalis* die Vorstellung ihres endgültigen Aussehens. Dinge haben also Materie und Form in der Gegenwart. Die *causa efficiens* weist in ihre Vergangenheit zu ihren Ursachen und die *causa finalis* auf ihr zukünftiges Ziel. Die Form der Statue existiert zugleich mit der Statue, während die *causa efficiens* des bewegten Meißels dem Verursachten vorausgeht und nicht in ihm enthalten ist.

Im Vergleich zur aristotelischen Lehre geht es McLuhan mit der *causa formalis* allerdings weniger um die Form, auf die etwas zustrebt (also die Form des Samens als *causa formalis* der Pflanze), sondern um eigenständige Prozesse der Formgebung. Es ist die Form des Mediums, die den Inhalt und die Effekte bedingt. Wird etwa ein Organ in einem Medium ausgeweitet, ist dies ein Prozess, welcher der *causa formalis* gehorcht. Die Bedeutung der Form für den Inhalt hat McLuhan zufolge in der westlichen Kultur spätestens seit Descartes und seinen Dualismen rapide abgenommen. Ausnahmen wie der Symbolismus und die Avantgarden, vor allem der Kubismus, hätten die alten Verfahren am Leben gehalten, indem sie von den Effekten ausgehend die Weisen

---

3   Vgl. Aristoteles (1995, 1031a). Diese Auflistung geht allerdings eher auf Thomas von Aquin zurück als auf Aristoteles selbst (vgl. Schnepf 2001).

ihrer Inszenierung darzustellen suchten und das Mediale
als Gestalt von Figur und Hintergrund thematisierten (vgl.
McLuhan 1964, 29). Grund für den Abschwung sei die aus
dem Zusammenschluss von Rationalismus und Buchdruck
folgende Linearität und das Eins-nach-dem-Anderen, die
strenge Trennung von Form und Inhalt der Visualität, die in
der strikten Scheidung von Innen und Außen, von Bewusstsein und Welt münde und in der *causa efficiens* kulminiere.

> But prior to the ascendancy of visual space, formal
> cause was part of a broader spectrum of related
> considerations; it intersected with logos as a figure-
> ground concern with the entire thing brought into
> being, structurally inclusive of the whole pattern of
> side effects on the ground of the user. (McLuhan und
> Powers 1992, 78)

Das Nacheinander von Ursache und Wirkung macht nur für
ein sehendes Bewusstsein Sinn. Der akustisch orientierte
Mensch nimmt zugleich und ganzheitlich wahr, was
geschieht, „simultaneous, like an electrical circuit" (McLuhan
und Powers 1992, 9).

Die *causa efficiens* verbirgt die formgebende Kraft von
Medien, weil sie nur Figuren erkennt und keine Hintergründe. Damit vergibt sie auch die Möglichkeit, die Auswirkungen von Medien zu erfassen. Mehr noch: Diese
Möglichkeit der Erkenntnis musste erst durch eine Entwicklung innerhalb der Medien, durch den Einsatz von
Elektrizität, wieder ermöglicht werden. Die *causa formalis*
spiegelt sich in der Gleichzeitigkeit der Elektrizität und beide
erlauben ihr gegenseitiges Erkennen – zumindest, wenn der
Erkennende Katholik ist und deshalb wie McLuhan von Haus
aus weiß, wie er damit umzugehen hat, weil er inmitten der
religiösen Tradition steht. Formgebende Medien sind keine
Instrumente.

Die Form von etwas ist für die *causa efficiens* kein Inhalt,
keine Figur und vor allem keine Wirkung und deshalb
irrelevant. Die *causa efficiens* betrifft, so McLuhan, vor

allem Ursache-Wirkungs-Verhältnisse der mechanischen Verursachung. Die *causa formalis* hingegen erlaubt zu beschreiben, wie die Form prägt, was vor einem jeweiligen Hintergrund Figur werden kann. Das Verhältnis von Form und Inhalt bekommt produktive Züge: nicht mehr nur als auf ein erkennendes Subjekt bezogenes Wahrnehmungsprinzip, sondern als ein Motor des Denkens und Erkennens. Mit den elektrischen Medien des 20. Jahrhunderts wandelt sich die *causa efficiens* als vorherrschendes Erklärungsmodell zur *causa formalis*. Damit muss nicht mehr nach Figuren ohne Grund gesucht werden wie mit der *causa efficiens*.

> My own approach to the media has been entirely from formal cause. Since formal causes are hidden and environmental, they exert their structural pressure by interval and interface with whatever is in their environmental territory. Formal cause is always hidden, whereas the things upon which they act are visible. (Brief an John Culkin vom 19.6.1975 in McLuhan 1987, 510)

Die *causa formalis* ist, so lässt sich aus diesem Zitat schließen, der Prozess der Form- oder vielmehr Figurgebung durch den Hintergrund zur Gestalt, in der beides gleichrangig ist. Wenn Medien durch *causa formalis* wirken, dann durch Gestalten der Gleichzeitigkeit von Figur und Grund, welche die Botschaft der Elektrizität sichtbar macht. In einer gegenstrebigen Bewegung gibt McLuhan einerseits Werkzeuge an die Hand, diese Veränderungen zu verstehen, und treibt sie andererseits an ihre konzeptuellen Grenzen. Denn seine Werkzeuge sind von Unmittelbarkeit durchzogen. Sie ist die Grundlage dafür, dass das Medium zur Botschaft werden kann.

Schluss

Ihre jeweilige Spezifik ist elektrischen Medien zwar eigen, in der Übertragung der Schrift, der Stimme und dem Bild oder der Verteilung von Energie, aber was an ihnen Figur und was Hintergrund ist, geht ineinander über, weil es zugleich beobachtet werden kann. Anhand des elektrischen Lichtes verdeutlicht McLuhan, wie die Elektrizität den Satz einlöst, das Medium sei die Botschaft und damit der Hintergrund die Figur. „The electric light escapes attention as a communication medium just because it has no ‚content'" (McLuhan 1964, 24). Die damit angedeutete Komplikation unterstreicht McLuhan durch ein rhetorisches Wortspiel, „a medium without a message", und ergänzt ein einschränkendes „as it were" (McLuhan 1964, 23). Trotz einer Ungenauigkeit – eine Botschaft („message") ist kein Inhalt („content") – lässt diese Reformulierung des zentralen Satzes erahnen, was für McLuhan auf dem Spiel steht, wenn Medien elektrisch sind.

Indem Inhalt und Form durch ihre Gleichzeitigkeit auf sich selbst verwiesen sind, wird der Status der Elektrizität für die Blickwendung der *media theory* in aller Deutlichkeit herausgehoben. Die Verschachtelung besagt nicht, dass elektrische Medien grundsätzlich keinen Inhalt haben. Vielmehr charakterisiert diese Aussage elektrische Medien dahingehend, dass sie verschiedenste oder gar alle Inhalte haben, weil kein Inhalt ihnen spezifisch ist: wie dem elektrischen Licht, das etwas leuchtend transportiert anstatt etwas zu beleuchten oder durch etwas zu scheinen. Entscheidend am elektrischen Licht ist nicht, was es beleuchtet, sondern dass es als „light through" statt „light on" leuchtet. Weil elektrisches Licht und elektrischer Strom unabhängig von ihren jeweiligen Anwendungen wirken, also keinen spezifischen Inhalt haben, sondern offen sind für vielfältige Verwendungen, entgleiten sie als Medien allzu schnell der Aufmerksamkeit. Medien wie das elektrische Licht oder die Elektrizität als Signal und Energie haben zur Botschaft, die Botschaft des Mediums als Inhalt zu haben, das sie sind. Sie sind Figur und Hintergrund in einem. Was in ihnen erscheint, sind sie selbst. Selbst wenn in ihnen Bilder oder Buchstaben erscheinen, sind sie auch das Medium und vor allem als solches erkennbar, weil Elektrizität Träger und Information ist, Bote und Botschaft. In einem Telegramm

56 oder einer Fernsehsendung gibt es zwar Buchstaben oder Bilder, aber sie sind für McLuhan elektrisch und damit Teil der Gestalt der Gleichzeitigkeit von Hintergrund und Figur. Die Elektrizität trägt sie und ist das, was getragen wird, und all das tut sie instantan.

Wenn der Einsatz der Blickwendung so gilt, wie er von McLuhan eingeführt wird, dann ist mit der benannten Selbstreferenz eine Strategie angelegt, in der ein Medium, das zur Botschaft hat, keinen Inhalt zu haben, Medium eines Mediums und Botschaft einer Botschaft sein kann. Zwar hat jedes Medium ein anderes Medium zum Inhalt, aber die Elektrizität nimmt in dieser Verschachtelung eine besondere Stellung ein, weil sie nicht auf einen spezifischen Inhalt oder eine spezifische Form beschränkt werden kann, sondern Information, Energie oder Licht überträgt, die alles sein können: Stimme, Schrift, Bild, Bewegung oder Farbe. Elektrizität kann alle anderen Medien zum Inhalt haben. Weil sie instantan ist, kann sie als Medium darüber hinaus sich selbst zur Botschaft haben. Ein Medium ohne Inhalt hat, weil das Medium die Botschaft ist, in der Verschachtelung sich selbst zur Botschaft.

Instantanität aber bedeutet, dass die Übertragung aufgehoben und die Vermittlung unmittelbar wird. Diese Unmittelbarkeit ist die Kohärenz im Widerspruch, die McLuhans Buch organisiert. Im Herzen seiner Medientheorie liegt die Negation von Medien.

Literatur

Aristoteles. 1995. *Metaphysik*. Darmstadt: Wissenschaftliche Buchgesellschaft.

Bunge, Mario A. 1987. *Kausalität, Geschichte und Probleme*. Tübingen: Mohr.

Gibson, Twyla. 2008. „Double Vision: McLuhan's Contribution to Media as an Interdisciplinary Approach to Communication, Culture and Technology." *MediaTropes* 1 (1): 143–166.

Marchand, Philip. 1998. *Marshall McLuhan: The Medium and the Messenger*. Cambridge: MIT Press.

McLuhan, Marshall. 1960. „Effects of the Improvement of Communication Media." *The Journal of Economic History* 20 (4): 566–575.

McLuhan, Marshall. 1964. *Understanding Media: The Extensions of Man*. New York: Mentor.

McLuhan, Marshall. 1966. „Cybernation and Culture." In *The Social Impact of Cybernetics*, herausgegeben von Charles Dechert, 95–108. London: University of Notre Dame Press.

McLuhan, Marshall. 1967. *Verbi-Voco-Visual Explorations*. New York: Something Else.

McLuhan, Marshall. 1970. „Education in the Electronic Age." In *The Best of Times, The Worst of Times: Contemporary Issues in Canadian Education*, herausgegeben von Hugh A. Stevenson, Robert M. Stamp und J. D. Wilson, 513–531. Toronto: Holt, Rinehart and Winston.

McLuhan, Marshall. 1974. „At the Moment of Sputnik the Planet became a Global Theater in which there are no Spectators but only Actors." *Journal of Communication* 24 (24): 48–58.

McLuhan, Marshall. 1978. „Interview with Louis Forsdale (17.7.1978)." In *Understanding McLuhan: A CD-ROM on the Ideas and Life of Media Guru Marshall McLuhan*, New York: Voyager/Southam Interactive 1996.

McLuhan, Marshall. 1987. *Letters of Marshall McLuhan*. Oxford: Oxford University Press.

McLuhan, Marshall. 1999a. „Communication Media: Makers of the Modern World." In *The Medium and the Light: Reflections on Religion*, herausgegeben von Eric McLuhan und Jacek Szklarek, 33–44. Toronto: Stoddard.

McLuhan, Marshall. 1999b. „Religion and Youth: Second Conversation with Pierre Babin." In *The Medium and the Light: Reflections on Religion*, herausgegeben von Eric McLuhan und Jacek Szklarek, 94–104. Toronto: Stoddard.

McLuhan, Marshall und Eric McLuhan. 1988. *Laws of Media: The New Science*. Toronto: University of Toronto Press.

McLuhan, Marshall und Barrington Nevitt. 1973. „The Argument: Causality in the Electric World." *Technology and Culture* 14 (1): 1–18.

McLuhan, Marshall und Bruce Powers. 1992. *The Global Village: Transformations in World Life and Media in the 21th Century*. Oxford: Oxford University Press.

Patterson, Graeme. 1990. *History and Communications: Harold Innis, Marshall McLuhan: The Interpretation of History*. Toronto: University of Toronto Press.

Schnepf, Robert. 2001. „Zum kausalen Vokabular am Vorabend der ‚wissenschaftlichen Revolution' des 17. Jahrhunderts". In *Kausalität und Naturgesetz in der Frühen Neuzeit*, herausgegeben von Andreas Hüttemann, 15–46. Stuttgart: Steiner.

Schultz, Oliver L. 2005. „McLuhan, Pasteur des Medienzeitalters: Kausalität als Ansteckung – zur Diagnose der (elektrischen) Medienkultur." In *Ansteckung: Zur Körperlichkeit eines ästhetischen Prinzips*, herausgegeben von Mirjam Schaub, Nicola Suthor und Erika Fischer-Lichte, 331–350. München: Fink.

Theall, Donald F. 2001. *The Virtual Marshall McLuhan*. Montreal: McGill-Queen's University Press.

VERKEHR

INFRASTRUKTUR

ENVIRONMENT

MEDIENTHEORIE

TRANSPORT

TRANSFORMATION

[3]
Transport und Transformation bei McLuhan

Gabriele Schabacher

Der Beitrag analysiert die Bedeutung des Verhältnisses von Transport und Transformation innerhalb der Medientheorie Marshall McLuhans. Unter Berücksichtigung des *Report on Project in Understanding New Media* (1960), des Klassikers *Understanding Media* (1964) wie auch späterer Texte wie *The Medium is the Massage* (1967) und „Living at the Speed of Light" (1974) wird gezeigt, dass die Unterscheidung von Transport und Transformation in vier Hinsichten wirksam ist: Sie betrifft die Abgrenzung McLuhans gegenüber *content*-fixierten Kommunikationstheorien, sie lässt die medien(theorie)geschichtliche Bezogenheit von Medien und Verkehr in den Blick rücken, sie artikuliert einen Übergang in McLuhans

Theoriebildung vom Konzept des Vehikels zu dem der Infrastruktur und damit allgemein eine Verschiebung des Akzents von Medien als *extensions* zu Medien als *environments*.

Durch sein ganzes Werk hindurch ist Marshall McLuhan darum bemüht, eine genuine Medientheorie zu entwerfen und die Frage zu stellen, welche Wirkungen und Effekte mediale Gefüge auf Kultur und Gesellschaft als Ganzes haben. Anders als die an Botschaft und Gehalt orientierten Ansätze zur Erforschung von Massenkommunikation, die in den 1950er Jahren in den USA dominieren,[1] will McLuhan die Eigenlogik der Medien ernst nehmen und mit Blick auf ihren gesamtgesellschaftlichen Einfluss historisch vergleichend analysieren. Er rekurriert dabei an wesentlichen Punkten seiner theoretischen Argumentation auf den Gegensatz von Transport und Transformation. Dadurch ist es ihm möglich, einerseits seine eigene Perspektive als spezifisch transformationsinteressiert zu profilieren und andererseits mediengeschichtliche Differenzen (Buchdruck/Fernsehen, Auto/Flugzeug) zu markieren, die auf die linear-mechanisierten Verfahren des Transportes in der Gutenberg-Galaxis Bezug nehmen. Für ein Verständnis der McLuhan'schen Medientheorie scheint es deshalb fruchtbar, dieser prominenten Stellung des Verhältnisses von Transport und Transformation nachzugehen und dessen theoretische Implikationen zu befragen. Der folgende Beitrag

1   McLuhan richtet seine Kritik dabei vergleichsweise offen an die Adresse von Harold Lasswell. So heißt es im *Report on Project in Understanding New Media* unter der Überschrift „What I Learned on the Project": „Correction for Lasswell formula – not who is speaking to whom, but what is speaking to whom. Lasswell ignores the media, except speech; but obviously if a person is speaking into a P.A. system or into a radio microphone, etc., the who and the what are profoundly transformed." (McLuhan 1960, Part V, 1) Zum historischen Kontext der nordamerikanischen Kommunikations- und Medienforschung vgl. Schüttpelz (2006). Zum Kontext des *Culture-and-Communications*-Seminars in Toronto, aus dem die Zeitschrift *Explorations* (1953–1957) hervorgeht, vgl. das diesbezügliche „Insert" (2014) der *Zeitschrift für Medienwissenschaft* 11 (2).

geht dazu in vier Schritten vor. Ausgehend von McLuhans Vortrag „Living at the Speed of Light" aus dem Jahr 1974 und der Kontrastierung zweier Theorietypen anhand der Unterscheidung von Transport und Transformation wirft der zweite Schritt einen kurzen Blick auf die kulturtheoretische Bearbeitung dieser Unterscheidung bei Le Corbusier, Tim Ingold und Bruno Latour. Darauf folgt eine Auseinandersetzung mit den verkehrsbezogenen und infrastrukturtheoretischen Aspekten des Verhältnisses von Transport und Transformation in McLuhans *Report on Project in Understanding New Media* und in *Understanding Media*, um vor diesem Hintergrund im vierten Schritt noch einmal auf „Living at the Speed of Light" zurückzukommen und die Rolle des *environment*-Begriffes zu diskutieren.

Transportation Theories – Transformation Theories

Die Betonung der grundsätzlich transformierenden Qualität des Medialen begegnet bei McLuhan bereits in seinen Schriften der 1950er Jahre.[2] Der späte Vortrag „Living at the Speed of Light" (1974), den McLuhan an der University of South Florida im Rahmen einer vom College of Education organisierten und zukünftigen Bildungsszenarien gewidmeten Kolloquiumsreihe gehalten hat, artikuliert darüber hinaus eine (durchaus polemische) theoriepolitische Stellungnahme. Dabei skizziert McLuhan zunächst die Veränderungen, die verschiedene Medientechnologien für individuelle, kulturelle und globale Kommunikationshorizonte bedeuten. Er beschreibt das bekannte

---

2   So kritisiert schon der Artikel „Media as Art Forms" in der von McLuhan mit herausgegebenen Zeitschrift *Explorations* 1954 die Blindheit gegenüber den Eigenschaften von Massenmedien: „There has been very little discussion of any of these questions, thanks to the gratuitous assumption that communication is a matter of transmission of information, message or idea. [...] And it leads to ignoring the form of communication as the basic art situation which is more significant than the information or idea ‚transmitted'." (McLuhan 1954, 6)

62 Abfolgeschema dreier Epochen (vgl. McLuhan 2005, 226–230), demzufolge die akustisch geprägte Homerische Ära von der visuellen Kultur des phonetischen Alphabetes und des Buchdruckes verdrängt werde, die ihrerseits von der *„electronic era"* abgelöst werde, der McLuhan aufgrund ihrer instantanen Erlebensfülle erneut Qualitäten der Akustik zuweist. Der „Wiederkehr" der Oralität werden dabei weitreichende soziokulturelle Konsequenzen attestiert:

> If Homer was wiped out by literacy, literacy can be wiped out by rock. We're playing the old story backwards, but you should know what the stakes are. The stakes are civilization versus tribalism and groupism, private identity versus corporate identity, and private responsibility versus the group or tribal mandate. (Ebd., 230)

Unabhängig davon, ob man der Abfolge der primär adressierten Sinne von *„ear"* zu *„eye"* zu *„ear"* im Einzelnen folgen mag, bleibt der Punkt entscheidend, dass die Effekte von Medientechnologien stets vorrangig behandelt, etwaige Ursachen von Veränderungen dagegen erst in einem zweiten Schritt in den Blick genommen werden. Eine solche Verschiebung der Beobachtungsperspektive auf die Ebene der Effekte verbindet sich für McLuhan mit einer grundsätzlichen Rejustierung von Innovationsgeschichte: „[T]he effects come before the causes. Without any exception, … in every discovery, all the effects come before the cause or the discovery itself" (ebd., 239). Wie zahlreiche Beispiele erläutern, entstehen auf diese Weise ungewohnte Chronologien, so etwa im Fall des Automobils: „The bicycle presented all the effects of the motor car just before the motor car. The bicycle paved the way for the motor car, everything, the tires, the chains, and the ball bearings" (ebd., 240).

Im Anschluss an die einführenden mediengeschichtlichen Überlegungen in „Living at the Speed of Light" nimmt McLuhan auf die Differenz von Transport und

Transformation Bezug, um, wie er selbst sagt, seinen
eigenen Ansatz zu „erklären":

> I want to mention, by way of explaining my own
> approach to these matters, that my kind of study in
> communication is a study of transformation, whereas
> information theory and all the existing theories of
> communication that I know of are theories of trans-
> portation. All the official theories of communication
> studied in the schools of North America are theories
> of how you move data from point A to point B to point
> C with minimal distortion. That is not what I study at
> all. Information theory I understand and I use, but
> information theory is a theory of transportation, and
> it has nothing to do with the effects which these forms
> have on you. It's like a railway train concerned with
> moving goods along a track. The track may be blocked,
> may be interfered with. The problem in the trans-
> portation theory of communication is to get the noise,
> get the interference off the track and let it go through.
> Many educators think that the problem of education
> is just to get the information through, get it past the
> barrier, the opposition of the young, just to move it and
> keep it going. I don't have much interest in that theory.
> My theory or concern is with what these media do to
> the people who use them. ... Mine is a transformation
> theory, how people are changed by the instruments
> they employ. (Ebd., 230)

McLuhan behauptet also, bei seinem eigenen Ansatz
handele es sich um eine Theorie der Transformation, der
gegenüber alle anderen, existierenden Kommunikationstheorien Theorien des Transportes seien, denen es lediglich
darum gehe, Daten mit möglichst wenig Verzerrung
von A nach B zu bewegen. Interessant ist nun, dass sich
McLuhans Erläuterung der von ihm abgelehnten trans-
porttheoretischen Herangehensweise auf ein Beispiel aus
dem Verkehrszusammenhang stützt. Auch die Eisenbahn
sei nur damit befasst, Güter entlang ihrer Schienen zu

transportieren.[3] Und wenn die Schienen blockiert oder gestört würden, mache es sich eine „Transporttheorie der Kommunikation" zur *„alleinigen"* Aufgabe, diese Blockade zu beseitigen – übersetzt in den Erziehungskontext: dafür zu sorgen, dass die Informationen tatsächlich zum Adressaten durchdringen. Aus heutiger Perspektive nimmt McLuhan damit die Kritik an einem vereinfachten Sender-Empfänger-Modell der Kommunikation vorweg; spätere Arbeiten zu Störung, *noise*, *fama* oder zum Parasiten geben diesen Widerständen eine systemische Stellung und ver-komplizieren damit das Übertragungsgeschehen für die vermeintlich „einfache" Ebene des Transportes (vgl. Neubert 2012; Schüttpelz 2002; Serres 1980). Deshalb bleibt fest-zuhalten, dass die Unterscheidung von Transformation und Transport in „Living at the Speed of Light" genutzt wird, um Theorieentscheidungen auf dem Feld von Kommunikation und Medien zu klassifizieren, wobei das Verkehrsbeispiel auf der Seite der Transporttheorien firmiert.

Wayfaring und *Transport*

Das Verhältnis von Transport und Transformation, das McLuhan zur Unterscheidung vermeintlich neutraler Informationsübermittlung auf der einen und modellierender Medienwirkung auf der anderen Seite nutzt, wird auch in anderen theoretischen Kontexten diskutiert. Dort geht es allerdings zumeist weniger um gesamtgesellschaftliche Wirkungen wie bei McLuhan, sondern um bewegungs- und verkehrsbezogene Phänomene und ihre architekto-nisch-infrastrukturellen Effekte. Insbesondere stehen die mobilitätsbezogenen Differenzen von Gehen und Fahren bzw. Reisen und Transportieren in ihren jeweiligen kultur-technischen Formierungen von Raum zur Diskussion.

So beginnt Le Corbusiers architekturtheoretische Studie *The City of To-Morrow and its Planning* (1929) mit generellen

---

3   Der Verweis auf die Eisenbahn begegnet bereits in *Understanding Media* (1994, 8). Zur Rolle des Verkehrsthemas für *Understanding Media* siehe Anm. 8.

Überlegungen zur Stadtplanung der Zukunft unter der bezeichnenden Überschrift: „The Pack-Donkey's Way and Man's Way" (Le Corbusier 1987, 5). Le Corbusier führt hier die Struktur existierender Städte auf zwei grundsätzlich verschiedene Arten des Umganges mit dem Raum zurück:

> Man walks in a straight line because he has a goal and knows where he is going; he has made up his mind to reach some particular place and he goes straight to it. The pack-donkey meanders along, meditates a little in his scatter-brained and distracted fashion, he zigzags in order to avoid the larger stones, or to ease the climb, or to gain a little shade; he takes the line of least resistance. (Ebd., 5)

Selbstverständlich ist es der Packesel (siehe Abb. 1), der Le Corbusier zufolge für urbane Fehlentwicklungen verantwortlich zeichnet: „The Pack-Donkey's Way is responsible for the plan of every continental city; including Paris, unfortunately" (ebd., 6). Demgegenüber wird die Gerade als Lösung urbaner Probleme angesehen:

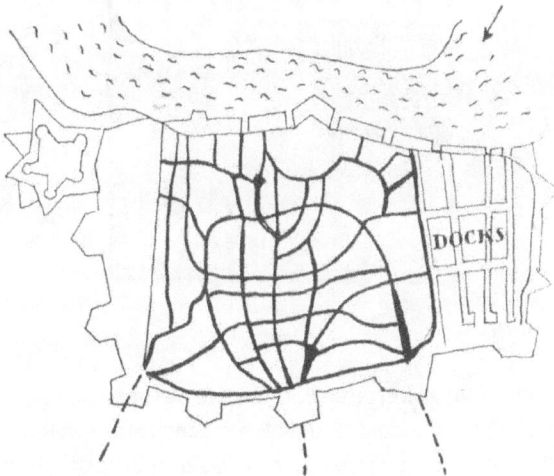

Abbildung 1: The Pack-Donkey's Way, Antwerpen (Quelle: Le Corbusier (1929) 1987, 6)

[A] modern city lives by the straight line, inevitably; for the construction of buildings, sewers and tunnels, highways, pavements. The circulation of traffic demands the straight line; it is the proper thing for the heart of a city. The curve is ruinous, difficult and dangerous; it is a paralyzing thing. (Ebd., 10)

Dem Ruinösen der Kurve setzt Le Corbusier also die bewusste Planung schachbrettartiger Städte (z. B. Washington) entgegen (siehe Abb. 2). Damit stände Le Corbusiers „Man's Way" auf den ersten Blick für die bei McLuhan abgewertete Ebene des Transportes, der Packesel und sein Mäandern dagegen für die transformative Qualität eines anders gearteten *„line-making"*.

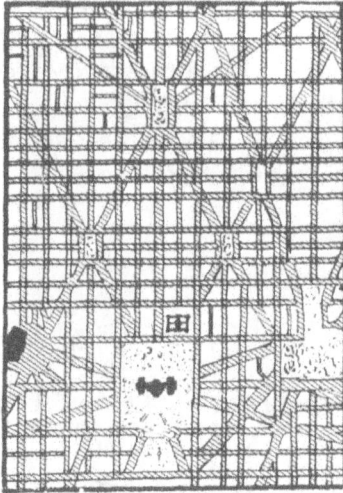

Abbildung 2: Man's Way, Washington (Quelle: Le Corbusier (1929) 1987, 11)

Eben dieser abgewerteten Perspektive des verschlungenen Weges folgt Tim Ingolds Studie *Lines* (2007). Sie entfaltet die Wertschätzung der geraden Linie als modernistischen Höhepunkt einer Kulturgeschichte des *„line-making"*, das für die westliche Welt alle vormodernen Traditionen der Linie abschneidet, die vermittels Knäuel, Faden und Oberflächenbehandlung Schreiben, Stricken und Sticken verbinden (vgl. Ingold 2007, 51). Spezifisch auf das Feld von Reise und Fortbewegung bezogen, unterscheidet Ingold *„wayfaring"* von *„transport"*, wobei er die Zielorientiertheit des Transportierens („an assembly of *point-to-point connectors"*) dem transformativen Charakter des ge- und erlebten Weges (*„trace of a gesture"*) gegenüberstellt (ebd., 74f.). Im Kontext des *„wayfaring"* (wie auch des *„seafaring"*, vgl. ebd., 77) wird die Bewegung einer Person so ganz buchstäblich zu ihrem Lebensweg: „For the Inuit, *as soon as a person moves he becomes a line.* … Thus the entire country is perceived as a mesh of interweaving lines rather than a continuous surface" (ebd., 75). Im Gegensatz dazu steht beim Transportieren allein das Überbrücken von Oberflächen im Vordergrund:

> The key distinction … is between lines of seafaring and of shipping, or between life *at* sea and routing *across* it. … Unlike wayfaring or seafaring, transport is destination-oriented. It is not so much a development *along* a way of life as a carrying *across*, from location to location, of people and goods in such a way as to leave their basic natures unaffected. (Ebd., 77)

Ingold zufolge handelt es sich hier um zwei Modalitäten der Fortbewegung, die zu diametral entgegengesetzten Strukturbildungen führen, und zwar dem *„meshwork"* auf der einen Seite und dem Netzwerk auf der anderen (vgl. Abb. 3):

> [T]he path of the wayfarer wends hither and thither, and may even pause there and there before moving on. But it has no beginning or end. While on the trail the wayfarer is always somewhere, yet every ‚somewhere' is on the way to somewhere else. The inhabited world is a reticulate meshwork of such trails, which is continually being woven as life goes on along them. Transport, by contrast, is tied to specific locations.
> … The traveller who departs from one location and arrives at another is, in between, nowhere at all. Taken

together, the lines of transport form a network of point-to-point connections. (Ebd., 81, 84)

Ähnlich wie Le Corbusier und McLuhan setzt Ingold also ebenfalls auf die Unterscheidung von Transport und Transformation, um zwei verschiedene Typen von Fortbewegungspraktiken zu differenzieren, die er auch auf den Feldern von Sprache/Musik, des Schreibens, der Genealogie sowie von Zeichnen und Schrift verfolgt. Wenngleich Ingolds Präferenz für die transformative Qualität von *„meshworks"* deutlich herauszuhören ist, geht es ihm in erster Linie um eine Beschreibung der kulturellen und wissensbezogenen Effekte dieser beiden Formen des *„line-making"*.

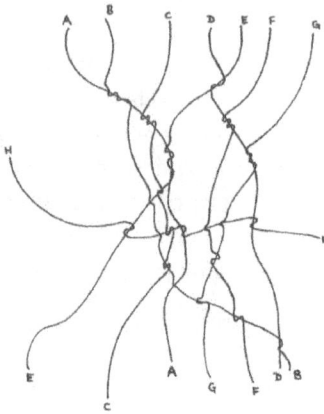

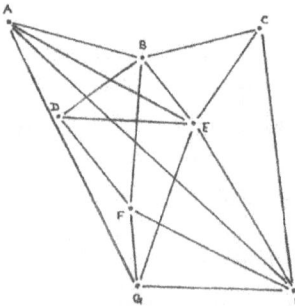

Abbildung 3: „Meshwork" und Netzwerk (Quelle: Ingold 2007, 82)

Auch Bruno Latour rekurriert auf die Unterscheidung von
Transport und Transformation, betont aber stärker die
relationale Bezogenheit beider Kategorien. Auf diese Weise
kann er die Dimension des Transportes als Ergebnis eines
„blackboxing" verstehen, d. h. als aufwendig zugerichtete
Struktur der Ermöglichung von *„immutable mobiles"*, die
allerdings in allen Fällen der Interferenz und Störung die
transformative Kraft in der Vielzahl und Heterogenität der
beteiligten Akteure wieder sichtbar werden lässt (vgl. Latour
2006, 1996).

In seinem Text „Trains of Thought" von 1996 diskutiert
Latour die Fabrikation von Raum-Zeit-Verhältnissen und
nimmt dabei auf die Relation von Transformation und
Transport Bezug (vgl. ebd., 172–187; dazu Schabacher
2013a, 147f.). Zur Illustration entwirft er das Szenario eines
unterschiedliche Reisewege nutzenden Zwillingspaares:
Während der weibliche Zwilling sich unter großen Mühen
den Weg durch einen Urwald bahnt, fährt der Bruder mit
dem TGV bequem zu einer Konferenz. Mit Blick auf die
Differenz von Transport und Transformation erlebt die
Schwester im Dschungel Latour zufolge die Reise als Prozess der Veränderung, während dem Bruder im Zug die
Bewegung durch Zeit und Raum „wie nichts" vorkommt.
Den Grund der differenten Reiseerfahrung veranschlagt
Latour auf der Ebene der involvierten Akteure: Während die
beteiligten Entitäten (Tiere, Gestrüpp etc.) im Dschungel als
„full *mediators*" agieren und allein ihren eigenen Richtungen
folgen, sind sie bei der Fahrt im Hochgeschwindigkeitszug
alle auf Linie gebracht und funktionieren als „well-aligned
intermediaries" (Latour 1996, 175). Latour zufolge hat dies
Konsequenzen für die Sichtbarkeit bzw. Unsichtbarkeit der
für die Ortsveränderung aufgewendeten Arbeit (vgl. ebd.,
175ff.): Ist diese Arbeit beim Dschungeltrip sichtbar (Kratzer,
Stiche etc.), tritt sie im Fall der Zugreise in den Hintergrund,
der TGV wird zur funktionierenden Blackbox.[4]

4   Susan Leigh Star und Anselm Strauss sprechen deshalb von „invisible
    work" (vgl. Star und Strauss 1999), um jene Gruppe von Praktiken
    zu bezeichnen, die im Normalbetrieb das Funktionieren von

Mit Latour lässt sich das Verhältnis von Transport und Transformation also dahingehend präzisieren, dass Techniken
der Fortbewegung ihre Prozessualität und transformative
Qualität, also die von den beteiligten Akteuren in sie
investierte Arbeit, umso effektiver verdecken, je hochent-
wickelter und komplexer sie sind. Anders als bei Ingold,
der bestimmte Praktiken der Fortbewegung fokussiert,
betrifft das Verhältnis bei Latour also nicht allein Fragen der
Bewegung und des Transportes, sondern im weiteren Sinne
alle Infrastrukturen im Sinne sozio-technischer Ensembles,
die aus je spezifischen Verflechtungen von Personen, Dingen
und Zeichen bestehen und ebensolche Personen, Dinge
und/oder Zeichen übertragen.

Understanding (New) Media

Die in „Living at the Speed of Light" polemisch zugespitzte
Differenz zweier diametral entgegengesetzter Positionen
innerhalb der damaligen Kommunikations- und Medientheorie behandelt also mit der Unterscheidung von
Transport und Transformation einen in kulturbezogenen
Forschungen rekurrenten Gegensatz. Ungeachtet dessen
bleibt die Frage, wie sich die Relation von Medien und/als
Verkehrsmitteln zum Verhältnis von Transport und Transformation verhält. Denn es ist, wie zu zeigen sein wird, kein
Zufall, dass McLuhan bei der Erläuterung der Wirkungen
von Medien häufig Beispiele aus dem Verkehrshorizont verwendet. Entsprechend ist in „Living at the Speed of Light"
wie auch in allen anderen Texten McLuhans keineswegs
nur von Medien wie dem phonetischen Alphabet und dem
Fernsehen die Rede, vielmehr tauchen auch Verkehrs-
infrastrukturen (Eisenbahn, Fahrrad, Auto, Flugzeug) regel-
mäßig auf.

Mit diesem Verkehrsbezug beerbt McLuhan bekanntlich die
Perspektive von Harold A. Innis, der seinerseits zwar nicht

Infrastrukturen gewährleisten und sie dadurch transparent verfügbar
machen, und die nur im Fall der Störung und des Zusammenbruches
sichtbar werden (vgl. Star und Ruhleder 1994, 113).

häufig von Medien spricht, wohl aber von *„communications"*,
was Transport- und Telekommunikationseinrichtungen
gleichermaßen einschließt (vgl. Innis 1950, 2015). Auch Innis
geht es um Effekte derartiger *„communications"*, allerdings
weniger auf sensuell-wahrnehmungsbezogener Ebene,
sondern mit Blick auf Machtstrukturen, Herrschaftsfragen
und politische Regime; auch für Innis sind dabei Fragen
von Bildung und Erziehung von hoher Relevanz, er bezieht
sie allerdings stärker auf die Rolle des Intellektuellen und
der Universität (vgl. Innis 1946a, 1946b). James Carey bringt
das Verhältnis der beiden Medientheoretiker deshalb auf
folgenden Gegensatz:

> Whereas Innis sees communication technology
> principally affecting social organization and culture,
> McLuhan sees its principal effect on sensory
> organization and thought. McLuhan has much to say
> about perception and thought but little to say about
> institutions; Innis says much about institutions and
> little about perception and thought. (Carey 1967, 15)

Fragen der Übertragung und des Transportes werden von
Innis stets an den ökonomischen Kontext rückgebunden.
Zunächst bedeutet das für ihn, den Blick ganz basal auf
die Infrastrukturen von Wasserwegen und Eisenbahnen
im Rahmen der kanadischen *staples theory* zu richten (vgl.
Innis 1995),[5] später dann, den weltpolitischen Funktions-
zusammenhang von *„Empire and Communications"* als je
unterschiedliche Relation von Raum- und Zeitmedien aus-
zubuchstabieren. McLuhan löst sich nun von Innis' wirt-
schaftsgeschichtlichem Interesse, gleichwohl zeigen seine
Texte noch den Einfluss der Innis'schen Argumentation,
wenn das Transport- und Verkehrswesens zur Sprache
kommt.

---

5   Bei *„staples"* handelt es sich um verschiedene unverarbeitete
      Rohgüter (etwa Pelz, Fisch, Holz), die regional gebunden vorkommen
      und deshalb zur Entwicklung verschiedener kanadischer Ökonomien
      führen, die alle vom Export dieser Rohgüter abhängig sind.

In den Jahren 1958 bis 1960 entsteht eine Studie, die McLuhan für die von der Regierung beauftragte National Association of Educational Broadcasters anfertigt und die unter dem Titel *Report on Project in Understanding New Media* (1960) in kleiner Auflage gedruckt wird (zur komplexen Entstehungsgeschichte vgl. Shepperd 2011). Ziel der Studie ist ein „syllabus for teaching the nature and effects of media in secondary schools" (McLuhan 1960, Part I, 1). McLuhan recherchiert also, reist durch das Land, spricht u. a. mit Lehrern, Professoren, Ingenieuren (vgl. ebd., Part II) und entwirft im Rahmen dieses als „mosaic approach" (ebd., Part III, 2) bezeichneten Vorgehens eine bestimmte „Grammatik", die er dann auf jedes Medium anwendet und in schematisch analogen Diagrammen darstellt.[6] Die Diagramme präsentieren das jeweilige Medium im Schnittfeld einer chiastischen Struktur, deren zwei Diagonalen einerseits die ausgeprägten bzw. diffusen Eigenschaften des Mediums (*„high definition"/ „low definition"*), andererseits seinen Input und Output mit Blick auf die Nutzerbeteiligung (*„structural impact"/ „subjective completion"*) betreffen und bei denen es zu Konstellationen der Verkehrung von Eigenschaften kommen kann. Selbstverständlich wird die Bedeutung von *Low-definition*-Qualitäten für die Unterrichtssituation hervorgehoben, da diese stärker zur Beteiligung motivierten (vgl. ebd., Part III, 14f.).

Der Bezug zu Innis wird nun im *Report* vor allem auf zwei Ebenen hergestellt: durch den Rekurs auf die *staples theory* sowie durch die kulturgeschichtlichen Überlegungen zum Stadt-Land-Gegensatz. So betont McLuhan zum einen den Zusammenhang von *„staples"*, also exportfähigen Rohgütern, und Medien:

> [S]taples are media and media are staples. When iron ore and oil and lumber and fish are available to the population of a particular area, their patterns of

6   Vgl. ebd., Part III, 36 (*„speech"*), 46 (*„writing"*), 57 (*„print"*), 65 (*„prints"*), 78 (*„press"*), 87 (*„photography"*), 96 (*„telegraph"*), 105 (*„telephone"*), 113 (*„phonograph"*), 118 (*„film (movies)"*), 129 (*„radio"*), 137 (*„television"*).

association are much modified by this fact. ... The same
homogenizing power over human power over human
institutions is exercised by any economic staple ..., but
this serves to draw attention to the same power which
resides in the media of communication. The media are,
in fact, themselves staples or natural resources. Media
are extensions of the human senses. ... [A]nd these
staples are not limited to any geographical area, but
are co-extensive with the human family itself. (Ebd.,
Part V, 1)

Der *Report* buchstabiert diese Engführung von Medien als
„communication staples" allerdings nicht weiter aus. Es bleibt
bei der Analogie, Kommunikationsmedien als „natürliche
Rohstoffe" zu bezeichnen und ihnen eine homogenisierende
Wirkung mit Blick auf gesellschaftliche Institutionen zu
attestieren.

Im Rahmen einer allgemeinen Einleitung zu den Diagrammen (vgl. ebd., Part III, 11ff.) kommt McLuhan dann aber
zum anderen auf das Verhältnis von Auto und Straße zu
sprechen, um seine These zu verdeutlichen, der Inhalt eines
Mediums sei stets ein anderes Medium:

A major aspect of media effects and development
appears in the case of the road as a means of transportation. Like writing or radio the ‚content' of the road
is always another medium or other media, whether
pedestrians, equestrians, wagons or cars. Depending
on the type of vehicle-medium, the nature of the road-
medium alters greatly. (Ebd., Part III, 15)[7]

Unter dem Titel „Poly-Antics of the Highway" skizziert
McLuhan die Etappen einer entsprechend konzipierten
Straßengeschichte, die von einer Grafik begleitet wird (vgl.
ebd. Part III, 17; siehe Abb. 4), hinsichtlich ihrer Effekte auf
das Stadt-Land-Verhältnis. Dabei unterstreicht er, dass die
Entwicklung von zahlreichen Umkehrungen begleitet ist,

7   Die Formulierung McLuhans präfiguriert Virilios Gegenüberstellung
     von dynamischem und statischem Vehikel (vgl. Virilio 1995, 152).

„strange reversals of function which the road undergoes as it moves from LD [low definition] to HD [high definition], or from a rudimentary state to a highly developed one" (ebd., Part III, 16). Dabei versteht McLuhan den Chiasmus im Horizont seines Interesses an Effekten von Medien als „kybernetische" Feedback-Struktur: „Chiasmus is indispensable to understanding media since all information flow by feed-back – that is by its *effects* – operates simultaneously in opposite modes" (ebd., Part III, 23). Nun ist allerdings interessant, dass das Straßendiagramm eine andere chiastische Struktur aufweist als alle sonstigen Darstellungen. Die Straße befindet sich dabei nicht in der Mitte des Schaubildes, sondern sie durchläuft eine „Entwicklung". Auch hier kommt es aber zu chiastischen Feedback-Prozessen im oben genannten Sinne: Die Straße „entwickelt" das Verhältnis von Stadt und Land bis zu dem Punkt, an dem sowohl Land wie Stadt von ihr zerstört werden und sie selbst daraufhin als eine neue Form von Stadt bzw. Land wieder entstehen kann. Damit verkörpert die Straße hier selbst ein Prinzip der Veränderbarkeit: „It undergoes a constant change in quality and form (poor road – improved road and poor/improved road – town – airway – country), which reverses its functions (which in turn affect its forms)" (Mangold 2015, 80).[8]

In seiner Studie *Understanding Media*, die Material aus dem *Report* verarbeitet und ausbaut,[9] kommt McLuhan an mehreren Stellen explizit auf die Relation von Verkehr und Medien zu sprechen und räumt dabei auch dem Verhältnis von Transport und Transformation eine prominente Stellung

8   Jana Mangold versteht dies als Beleg für die Sonderstellung von Transport und Verkehr in den Texten McLuhans, deren rhetorisch-metaphorischer Dimension sie nachgeht: „Thus, to understand media is not only to understand the metaphor of traffic: it is most of all to understand the traffic of metaphor." (Mangold 2015, 89)

9   „That book was essentially a rewrite and expansion of his report for the NAEB. McLuhan worked on it in spare moments before and after writing *The Gutenberg Galaxy*" (Marchand 1998, 177). Vgl. zur Entstehungsgeschichte von *Understanding Media* auch Mangold und Sprenger 2014, 11ff.

ein. Vier der 26 Kapitel des zweiten Teiles – wenn man die Telegrafie in ihrer Verbindung zur Eisenbahn hinzuzählt – widmen sich Verkehrsmitteln: „Roads and Paper Routes", „Wheel, Bicycle, and Airplane", „Motorcar: The Mechanical Bride", und „Telegraph: The Social Hormone". Es sollen deshalb kurz die wichtigsten verkehrsbezogenen Überlegungen dieser Kapitel diskutiert werden.

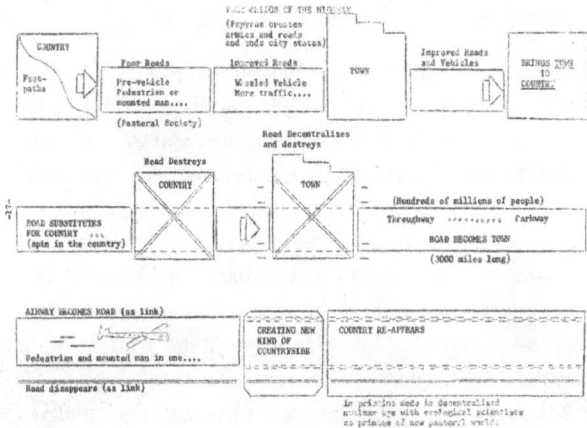

Abbildung 4: Poly-Antics of the Highway (Quelle: McLuhan 1960, Part III, 17)

Die Unterscheidung von Transport und Transformation begegnet vor allem im Kapitel „Roads and Paper Routes", und zwar in doppelter Funktion. Zum einen entfaltet McLuhan das medienhistorische Argument, wonach der Telegraf eine generelle Emanzipation der Information vom Material bewirkt, wobei er explizit auf den Zusammenhang von *„communication"* und Verkehr (vgl. dazu auch Schabacher 2013b) und dessen Wert für die Medienforschung verweist:

> It was not until the advent of the telegraph that messages could travel faster than a messenger. Before this, roads and the written word were closely interrelated. It is only since the telegraph that information has detached itself from such solid commodities as stone and papyrus … . The

76   term „communication" has had an extensive use in
connection with roads and bridges, sea routes, rivers,
and canals, even before it became transformed into
„information movement" in the electric age. Perhaps
there is no more suitable way of defining the character
of the electric age than by first studying the rise of the
idea of transportation as communication, and then the
transition of the idea from transport to information by
means of electricity. (McLuhan 1994, 89)

Zum anderen postuliert McLuhan ein systematisches Verhältnis von Transport und Transformation: „Each form of
transport not only carries, but translates and transforms,
the sender, the receiver, and the message" (ebd., 90). Dies
verweist bereits auf die Überlegungen, die er in „Living at
the Speed of Light" anstellen wird. Statt nämlich das Verhältnis von Transport und Transformation als Alternative
zu konzipieren, schließt er – ganz im Sinne der Konzeption
dieser Relation bei Latour – das Moment der Transformation
in das Verständnis von Transport mit ein. Und genau auf
der Basis dieses Einschlusses werden Verkehrsmittel bzw.
infrastrukturen als Beispiele für Medien im vollen Sinne
verwendbar.

Nicht zufällig kommt er deshalb in diesem Kapitel auch auf
die aus dem *Report* bekannte Kulturgeschichte des Stadt-
Land-Verhältnisses zu sprechen, die McLuhan zufolge
durch die Entwicklung des Straßensystems vorangetrieben
wird. In *Understanding Media* wird diese Geschichte weiter
ausgeführt, wobei die entstehende Zentrum-Peripherie-
Struktur sowie das Moment der Beschleunigung hervorgehoben werden:

Speed-up creates what some economists refer to
as a *center-margin* structure. When this becomes
too extensive for the generating and control center,
pieces begin to detach themselves and to set up new
center-margin systems of their own. The most familiar
example is the story of the American colonies of Great
Britain. When the thirteen colonies began to develop a

considerable social and economic life of their own, they felt the need to become centers themselves, with their own margins. (Ebd., 91)

Das Prinzip, dass die Steigerung einer bestimmten Eigenschaft zu einem Umschlag ins Gegenteil führt, fand sich bereits in der chiastischen Struktur der für die einzelnen Medien entworfenen Diagramme im *Report* und bleibt auch in den postum erschienenen *Laws of Media* relevant (vgl. McLuhan und McLuhan 1988).[10]

Das Kapitel „Wheel, Bicycle, and Airplane" betont erneut, wie wichtig es ist, Mediengeschichte von den Effekten her zu denken, und zeigt, wie dies vertraute Chronologien – etwa die Abfolge von Fahrrad und Flugzeug – verkehren kann:

> The bicycle lifted the wheel onto the plane of aerodynamic balance, and not too indirectly created the airplane. It was no accident that the Wright brothers were bicycle mechanics, or that early airplanes seemed in some ways like bicycles. (McLuhan 1994, 182)

Die gesellschaftsprägende Kraft auch verkehrstechnischer Extensionen des Menschen wird dabei unter Rekurs auf Lynn White erläutert, der das Feudalsystem als Effekt des Steigbügels versteht (vgl. ebd., 179, 218).

Im Abschnitt „Motorcar: The Mechanical Bride" skizziert McLuhan wiederum, inwiefern das Automobil ein Produkt der Gutenberg-Galaxis ist – Spezialisierung, Fließbandpro-duktion, Individualität –, das durch das gemeinschaftlich-partizipative Medium „Fernsehen" grundlegend in Frage gestellt werde: „It is TV that has dealt the heavy blow to the American car. The car and the assembly line had become

10   „The Laws of the Media ... are quite simply this, that every medium exaggerates some function. Spectacles exaggerate or enlarge or enhance the visual function; they obsolesce another function; they retrieve a much older function; and they flip into the opposite form. ... Now every medium starts out by exaggerating something that we all have and then finally flipping into the opposite of itself." (McLuhan 2005, 243)

the ultimate expression of the Gutenberg technology"
(ebd., 220f.). Interessanterweise wird dem Auto aber nicht
allein das Fernsehen entgegengesetzt, sondern auch der
Verkehrskontext selbst kennt partizipativ-implosive Vehikel,
wie die folgende Steinmännchen-Anekdote belegt:

> An airline executive … asked a corresponding exe-
> cutive of each airline in the world to send him a pebble
> from outside his office. His idea was to build a little
> cairn of pebbles from all parts of the world. When
> asked, ‚So what?' he said that in one spot one could
> touch every part of the world because of aviation. In
> effect, he had hit upon the mosaic or iconic principle of
> simultaneous touch and interplay that is inherent in the
> implosive speed of the airplane. The same principle of
> implosive mosaic is even more characteristic of electric
> information movement of all kinds. (Ebd., 185)

Diese implosive Qualität der Informationsübertragung
gilt McLuhan zufolge erstmals für den Telegrafen, den
er im Kapitel „Roads and Paper Routes" aufgrund seiner
instantanen Informationsbewegung deshalb auch als
erstes Medium des elektrischen Zeitalters versteht. Das
Kapitel „Telegraph: The Social Hormone" sieht die sozial-
kulturellen Effekte elektrischer Medien vor allem in ihrer
Fähigkeit, alle raumzeitlichen Trennungen durch „the action
of the instant and organic interrelations of electricity"
(ebd., 247) aufzuheben. Elektrische Medien erzeugen somit
eine wechselseitige Abhängigkeit aller gesellschaftlichen
Einrichtungen; Elektrizität wird zu einer Art „organic social
bond" (ebd., 248), was dörfliche Strukturen wiederentstehen
lässt: „Electronic media … abolish the spatial dimension,
rather than enlarge it. By electricity, we everywhere
resume person-to-person relations as if on the smallest
village scale" (ebd., 255). Schon in diesem Zusammenhang
deutet McLuhan an, was einer gegenwartsdiagnostischen
Perspektive im Wege steht: dass nämlich „the ‚content'
obsession of the man of print culture makes it difficult for
him to notice any facts about the *form* of a new medium"

(ebd., 251). Auf die Implikationen dieser Überlegung wird im folgenden Abschnitt näher einzugehen sein.

Media as Environments

Bereits 1964, also zum Zeitpunkt des Erscheinens von *Understanding Media*, nutzt McLuhan den Begriff des *environment*, um seine Theoreme zu präzisieren, wonach das Medium die Botschaft und der Inhalt eines Mediums ein anderes Medium sei. „For promotion purposes", so schreibt er in einem Brief an seinen Lektor David Segal vom 24. September 1964, „I have made a new discovery that works as well. Instead of saying the medium is the message, I now say each technology creates a unique environment. The content of each new environment is the old environment" (McLuhan 2014a, 31). Diese „Entdeckung" findet sich dann auch in der Einleitung zur zweiten Ausgabe von *Understanding Media*, die noch 1964 erscheint, wobei McLuhan dies mit Blick auf das Medium „Fernsehen" um den Gedanken einer spezifischen Form des Re-Prozessierens erweitert:

> „The medium is the message" means, in terms of the electronic age, that a totally new environment has been created. The „content" of this new environment is the old mechanized environment of the industrial age. The new environment reprocesses the old one as radically as TV is reprocessing the film. For the „content" of TV is the movie. TV is environmental and imperceptible, like all environments. We are aware only of the „content" or the old environment. (McLuhan 2014b, 18)

Medien und ihre Effekte mit Blick auf *environments* zu fassen, strukturiert dann vor allem auch das von McLuhan und Quentin Fiore publizierte Buch *The Medium is the Massage*. Das Layout des Textes, der sich durch ein komplexes Schrift-Bild-Arrangement auszeichnet,[11] nutzt die

---

11 Dabei zeigen bereits frühe Arbeiten wie *Counterblast* (1954) McLuhans experimentellen Umgang mit Typografie und Layout (vgl. McLuhan 2011).

Interaktion beider Formen als Medium seiner *„message"/"*-Massage": „All media work us over completely", heißt es zu Beginn einer Sequenz mehrerer Buchseiten, die verschiedene mediale Extensionen (auch) bildlich vorführen,

> [t]hey are so pervasive in their personal, political, economic, aesthetic, psychological, moral, ethical, and social consequences that they leave no part of us untouched, unaffected, unaltered. The medium is the massage. Any understanding of social and cultural change is impossible without a knowledge of the way media work as environments. (McLuhan und Fiore 1996, 26)

Dabei ist der entscheidende Punkt, der bereits in der Einleitung zur zweiten Auflage von *Understanding Media* anklang, dass derartige *environments* im Wesentlichen unsichtbar sind: „Environments are not passive wrappings, but are, rather, active processes which are invisible" (ebd., 68). Als Beischrift zu einer Abbildung, die vor dem unscharfen Hintergrund einer nächtlichen Autostraße einen scharf konturierten Rückspiegel zeigt, in dem scherenschnittartig eine Kutsche mit vier Pferden zu sehen ist, kommentiert der Text:

> When faced with a totally new situation, we tend always to attach ourselves to the objects, to the flavor of the most recent past. We look at the present through a rear-view mirror. We march backwards into the future. Suburbia lives imaginatively in Bonanza-land. (Ebd., 74f.)

So verstanden wäre der Grund für die Unsichtbarkeit der Gegenwart deren Überlagerung mit älteren und deshalb bekannteren Formen, die als Nostalgie („Bonanza-land") die Gegenwartsform ausfüllen. Ein spezifisches Arrangement in der Mitte des Buches führt diese Überlegungen zur environmentalen Unsichtbarkeit fort. Auf einer ansonsten weißen Doppelseite finden sich oben, in kleiner Schriftgröße, zwei Sätze: „Environments are invisible. Their ground rules, pervasive structure, and overall patterns elude easy perception" (ebd., 84f.). McLuhan nimmt hier also Überlegungen wieder auf, die in *Understanding Media* bereits mit Blick auf die Schwierigkeit anklangen, die „*Form*" von Medien (jenseits ihres Inhalts) erkennen zu können.

Kommt man an dieser Stelle nun noch einmal auf „Living at the Speed of Light" zurück, so lässt sich zeigen, dass McLuhan der Frage des Environmentalen noch einen weiteren Aspekt hinzufügt. Erneut geht es um Auto und Straße, allerdings reserviert McLuhan den Term „Medium" nun nur noch für die Straße, während das Vehikel, anders als im *Report* und in *Understanding Media*, nicht mehr als Medium verstanden wird:

> When I say the medium is the message, I'm saying that the motor car is not a medium. The medium is the highway, the factories, and the oil companies. That is the medium. In other words, the medium of the car is the effects of the car. ... The car as an engineering object has nothing to do with these effects. The car is a *figure* in a *ground* of services. ... The car does not operate as the medium, but rather as one of the major effects of the medium. So „the medium is the message" is not a simple remark, and I've always hesitated to explain it. It really means a hidden environment of services created by an innovation, and the hidden environment of services is the thing that changes people. It is the environment that changes people, not the technology. (McLuhan 2005, 241f.)

Das Auto wird also zum wichtigsten Effekt des Mediums „Straße". McLuhan rekurriert hier auf die in seinen Schriften häufiger begegnende Figur-Grund-Unterscheidung der Gestalttheorie, die eine Kippfigur bezeichnet, der zufolge immer nur eines von beidem, Figur oder Grund, nie aber beides gleichzeitig zu sehen ist. Dieses Prinzip einer wechselseitigen Bezogenheit bei einander ausschließender Sichtbarkeit ist, was McLuhan für das Verhältnis von Auto und Straße in Anschlag bringt. Das Auto firmiert dabei

als die „Figur", die sich vor dem (Hinter)„Grund" – und
wie McLuhan sagt: „Medium" – des Highways abzuheben
vermag. Neu ist nun McLuhans Verwendung des Service-
Begriffs im Horizont der Debatte von *environments*. Denn
indem Highway, Straße und Ölgesellschaften als „hidden
environment of services" verstanden werden, betont
McLuhan nicht nur deren grundierenden und insofern
unsichtbaren Charakter. Vielmehr lässt sich sein Medienbegriff mit dieser Konzeption einer service-orientierten
Struktur medialer *environments* mit der sozio-technischen
Vorstellung netzwerkhafter Infrastrukturen engführen,
die gleichermaßen technische wie soziale Arrangements
beschreiben. Nicht Apparate und Technologien an sich,
sondern infrastrukturelle *environments* sind also Medien:
sozio-technische Umfelder, die wirken, indem sie prägen
und formieren.

Mit Blick auf McLuhans Werk zeigt sich also, dass die
Unterscheidung von Transport und Transformation verschiedene Ebenen organisiert: Sie betrifft erstens einen
theoriepolitischen Einsatz, der sich gegen eine *„content"*-
fixierte Kommunikationswissenschaft richtet. Sie lässt zweitens eine medientheoriegeschichtliche Differenzierung und
Bezogenheit von Medien und Verkehr in den Blick rücken,
die maßgeblich auf Positionen von Harold Innis rekurriert. Sie artikuliert drittens einen Übergang in McLuhans
Theoriebildung vom Konzept des Vehikels im *Report* und in
Understanding Media zu einem Konzept von Infrastruktur,
der wiederum viertens allgemein den Übergang von Medien
als *extensions* zu Medien als *environments* im Werk McLuhans
betrifft. Auch wenn McLuhan *extensions* wie *environments*
in seinen späten Schriften noch nahezu gleichberechtigt
nebeneinanderstehen lässt, artikulieren beide Konzepte
gleichwohl differente Vektoren mit Blick auf das Humanum:
Sind *extensions* ausgehend vom Menschen konzipiert,
beinhalten *environments* auch dezidiert nicht-menschliche
Akteure, deren Wirkungen (etwa im Sinne der STS und ANT)
noch nicht ausgemacht sind und die deshalb ein Denken in
Infrastrukturen vorzubereiten vermögen.

Carey, James W. 1967. „Harold Adams Innis and Marshall McLuhan." *The Antioch Review* 27 (1): 5–39.

Ingold, Tim. 2007. *Lines: A Brief History*. New York: Routledge.

Innis, Harold A. (1944) 1946a. „A Plea for the University Tradition." In *Political Economy in the Modern State*, 64–71. Toronto: Ryerson.

Innis, Harold A. 1946b. „The University in the Modern Crisis." In *Political Economy in the Modern State*, 72–82. Toronto: Ryerson.

Innis, Harold A. 1950. *Empire and Communications*. Oxford: Clarendon Press.

Innis, Harold A. (1931) 1995. „Transportation as a Factor in Canadian Economic History." In *Staples, Markets, and Cultural Change. Selected Essays*, herausgegeben von Daniel Drache, 123–138. Montreal u. a.: McGill-Queen's University Press.

Innis, Harold A. 2015. *Harold Innis's History of Communications: Paper and Printing – Antiquity to Early Modernity*, herausgegeben von William J. Buxton, Michael R. Cheney und Paul Heyer. Lanham u. a.: Rowman & Littlefield.

Latour, Bruno. (1986) 2006. „Drawing Things Together: Die Macht der unveränderlich mobilen Elemente." In *ANThology: Ein einführendes Handbuch zur Akteur-Netzwerk-Theorie*, herausgegeben von Andréa Belliger und David J. Krieger, 259–308. Bielefeld: Transcript.

Latour, Bruno. 1996. „Trains of Thought: Piaget, Formalism, and the Fifth Dimension." *Common Knowledge* 6 (3): 170–191.

Le Corbusier. (1929) 1987. *The City of To-morrow and Its Planning*. New York: Dover Publications.

Mangold, Jana und Florian Sprenger. 2014. „Einleitung." In *50 Jahre Understanding Media*, herausgegeben von dens., 7–15. Siegen: universi (= Navigationen 14 (2)).

Mangold, Jana. 2015. „Traffic of Metaphor: Transport and Media at the Beginning of Media Theory." In *Traffic. Media as Infrastructures and Cultural Practices*, herausgegeben von Marion Näser-Lather und Christoph Neubert, 73–91. Leiden, Boston: Brill.

Marchand, Philip. (1989) 1998. *Marshall McLuhan: The Medium and the Messenger*. Cambridge, Mass., London: MIT Press.

McLuhan, Marshall. 1954. „Media as Art Forms." *Explorations* 2: 6–13.

McLuhan, Marshall. 1960. *Report on Project in Understanding New Media*. Washington: National Association of Educational Broadcasters.

McLuhan, Marshall. (1964) 1994. *Understanding Media: The Extensions of Man*. Cambridge, Mass.: MIT Press.

McLuhan, Marshall. (1974) 2005. „Living at the Speed of Light." In *Understanding Me: Lectures and Interviews*, herausgegeben von Stephanie McLuhan und David Staines, 225–243. Cambridge, Mass.: MIT Press.

McLuhan, Marshall. (1954) 2011. *Counterblast*. Berkeley, Hamburg: Gingko Press.

McLuhan, Marshall. (1964) 2014a. Brief an David I. Segal vom 24. September 1964. In *50 Jahre Understanding Media*, herausgegeben von Jana Mangold und Florian Sprenger, 31. Siegen: universi (= Navigationen, 14 (2)).

84   McLuhan, Marshall. (1964) 2014b. „Understanding Media: Introduction to the
Second Edition." In *50 Jahre Understanding Media*, herausgegeben von Jana
Mangold und Florian Sprenger, 17–20. Siegen: universi (= Navigationen, 14
(2)).

McLuhan, Marshall und Eric McLuhan. 1988. *Laws of Media: The New Science*.
Toronto: The University of Toronto Press.

McLuhan, Marshall und Quentin Fiore. (1967) 1996. *The Medium is the Massage*,
unter Mitarbeit von Jerome Agel. London u. a.: Penguin.

Neubert, Christoph. 2012. „Störung." In *Handbuch der Mediologie: Signaturen
des Medialen*, herausgegeben von Christina Bartz u. a., 271–287. München:
Fink.

Schabacher, Gabriele. 2013a. „Medium Infrastruktur: Trajektorien soziotech-
nischer Netzwerke in der ANT." *Zeitschrift für Medien- und Kulturforschung*
2: 129–148.

Schabacher, Gabriele. 2013b. „Medien und Verkehr: Zur Genealogie des Über-
tragungswissens zwischen Personen, Gütern und Nachrichten." *Tumult.
Schriften zur Verkehrswissenschaft* 39: 39–55.

Schüttpelz, Erhard. 2002. „Eine Ikonographie der Störung: Shannons Fluss-
diagramm der Kommunikation in ihrem kybernetischen Verlauf." In *Tran-
skribieren: Medien/Lektüre*, herausgegeben von Ludwig Jäger und Georg
Stanitzek, 233–280. München: Fink.

Schüttpelz, Erhard. 2006. „Die ältesten in den neuesten Medien: Folklore und
Massenkommunikation um 1950." In *Medieninnovationen und Medienkon-
zepte 1950/2000*, herausgegeben von Nicola Glaubitz und Andreas Käuser,
33–46. Marburg: Schüren (= Navigationen 6 (1)).

Schüttpelz, Erhard. 2014. „60 Jahre Medientheorie: Die Blackbox der
‚Explorations' wird geöffnet." *Zeitschrift für Medienwissenschaft* 11 (2):
139–142.

Serres, Michel. (1980) 1981. *Der Parasit*. Frankfurt a. M.: Suhrkamp.

Shepperd, Josh. 2011. „Medien miss-verstehen: Marshall McLuhan und die
National Association of Educational Broadcasters, 1958–1960." *Zeitschrift
für Medienwissenschaft* 5 (2): 25–43.

Star, Susan Leigh und Anselm Strauss. 1999. „Layers of Silence, Arenas of
Voice: The Ecology of Visible and Invisible Work." *Computer Supported
Cooperative Work* 8 (1–2): 9–30.

Star, Susan Leigh und Karen Ruhleder. 1996. „Steps Toward an Ecology
of Infrastructure: Design and Access for Large Information Spaces."
Information Systems Research 7 (1): 111–134.

Virilio, Paul. (1984) 1995. „Die Innere Steuerung." In *Der negative Horizont:
Bewegung, Geschwindigkeit, Beschleunigung*, 203–226. Frankfurt a. M.:
Fischer.

STRESS

SERVOMECHANISMUS

ENVIRONMENT

AUTOMATISIERUNG

ADAPTION

MEDIENÖKOLOGIE

[4]

Narzissmus als Narkose? McLuhan und das Zeitalter der Elektrizität

Petra Löffler

Im „The Gadget Lover. Narcissus as Narcosis" betitelten Kapitel von *Understanding Media* entwickelt Marshall McLuhan ein medienökologisches Konzept der Extension des Menschen, das nicht mehr der Logik der Prothese folgt, sondern Wechselwirkungen zwischen Organismus und Umgebung nach dem Vorbild der Stressforschung von Hans Selye und Adolphe Jonas modelliert. Zugleich unterzieht McLuhan den kybernetischen Begriff des Servomechanismus einer Kritik und ersetzt ihn durch die Vorstellung eines „new world environment" totaler Inklusion. Sein Engagement gilt darüber hinaus der politisch-ökologischen Bewegung des Urbanismus.

Narkose

Seit dem Erscheinen seiner viel diskutierten Bücher *The Gutenberg Galaxy* (1962) und *Understanding Media* (1964) hat Marshall McLuhan die Auswirkungen der technologischen Veränderungen seiner Zeit, die er als „electric" bzw. „electronic age" verstanden hat, immer wieder beschworen und gleichzeitig an die Möglichkeit geglaubt, diese Veränderungen antizipieren und damit auch kontrollieren zu können. Noch in einer am 27. Juni 1977 ausgestrahlten Sendung des australischen Fernsehens äußerte er sich dazu folgendermaßen: „If we understand the revolutionary transformations caused by new media, we can anticipate and control them; but if we continue in our self-induced subliminal trance, we will be their slaves" (McLuhan 1989, 1). Antizipation und Kontrolle stellt er explizit die Gefahr von Trance und Kontrollverlust gegenüber, die er an gleicher Stelle auf den Begriff des Servomechanismus bringt:

> The point to remember here is that whenever we use or perceive a technological extension of ourselves, we necessarily embrace it. ... By consistently embracing all these technologies, we inevitably relate ourselves to them as servomechanisms. (Ebd., 1)

Unter einem Servomechanismus wird in den Ingenieurswissenschaften und der Kybernetik die Programmierung

und Steuerung zweckgerichteten Handelns von Maschinen
ebenso wie von Menschen verstanden, die gleichermaßen
als Informationssysteme in Wechselwirkung mit der Umgebung betrachtet werden (vgl. Hazen 1934a, 1934b; Rosenblueth, Wiener und Bigelow 1943; Bennett 1993, 97–114).
Mit den Begriffen „slave" und „servomechanism" bringt
McLuhan die aus seiner Sicht einer Entmächtigung gleich-
kommenden Gefahren einer bedingungslosen Unterwerfung
unter solche technologischen Extensionen des Menschen
auf den Punkt.[1] Die existenzielle Frage, wie diese fort-
schreitenden Ausweitungen trotzdem von autonom
handelnden Subjekten kontrolliert werden können, stellt
sich für ihn umso dringlicher, als im Zeitalter der Elektrizität
mit der annähernd instantanen Vermittlung und globalen
Verbreitung von Informationen auch die Erfahrung von
Raum und Zeit einer umfassenden Veränderung unterlägen.
McLuhan zufolge operieren elektronische Medien wie
Radio oder Fernsehen in einem integrierenden akustisch-
taktilen Raum statt im distanzierenden visuell-linearen
Raum von Schrift und Bild. Er hat diese raumbildenden
akustisch-taktilen Medien entsprechend als subliminale
„service environments of information" (McLuhan 1989,
15) bezeichnet. Deshalb ist für ihn das Verständnis und
damit auch die Kontrolle der sozialen und kulturellen Veränderungen durch diese Medien nur möglich durch Wissen
darüber, wie sie als „environments", als Umgebungen, funktionieren: „Any understanding of social and cultural change
is impossible without a knowledge of the way media work as
environments" (McLuhan 1967c, 26).

Wie solche unterschwellig wirkenden medialen „service
environments of information" auf menschliche Subjekte
wirken und wie sie sich gegebenenfalls steuern lassen,
hat McLuhan bereits in *Understanding Media* erkundet. Im
vierten, „The Gadget Lover. Narcissus as Narcosis" betitelten

---

1   Es ist bezeichnend, dass Norbert Wiener (1954, 46) ebenfalls die
    technologische Lage der amerikanischen Nachkriegsgesellschaft als
    Unterwerfung beschrieben hat: „We are the slaves of our technical
    improvement."

Kapitel bemüht er den bekannten griechischen Mythos vom Jüngling, der sich angeblich in sein Spiegelbild verliebt, um den Mechanismus der Ausweitung des eigenen Selbst als rekursive Adaption zu veranschaulichen: „He had adapted to his extension of himself and had become a closed system" (McLuhan 2001, 45).

McLuhan greift bei seiner Darstellung der narkotisierenden Wirkungen dieser Schließung auch auf Sigmund Freuds Überlegungen zum Reizschutz sowie auf psychopathologische Vorstellungen zur Anästhetisierung der Sinne nach einem Schock oder Trauma zurück.[2] Freud war es auch, der den Begriff „Narzissmus" 1914 in die Psychoanalyse eingeführt und ihn als „libidinöse Ergänzung zum Egoismus des Selbsterhaltungstriebes, von dem jedem Lebewesen zu Recht ein Stück zugeschrieben wird", verstanden hat (Freud 1981, 138).[3] Der von ihm entwickelte Zusammenhang zwischen Narzissmus und Selbsterhaltungstrieb wird von McLuhan neu interpretiert – als notwendige Anpassung des menschlichen Organismus an eine Umgebung, die zunehmend von akustisch-taktil wirkenden elektronischen Medien gestaltet wird: Erst die vollständig vollzogene Anpassung an die Ausweitung des Selbst im Spiegelbild erzeugt für McLuhan jene Schließung, die einer Betäubung gleichkommt. Die Konfrontation mit dem Spiegelbild löst in seiner Lesart des Mythos zugleich eine Schockreaktion aus, die ein Gegenmittel gegen diese Anpassung darstellt: „As counter-irritant, the image produces a generalized numbness or shock that declines recognition" (McLuhan 2001, 47).

An gleicher Stelle kritisiert McLuhan den Automatismus dieser Anpassung, wenn er schreibt: „By continuously embracing technologies, we relate ourselves to them as

2   Neben Sigmund Freuds Schrift *Jenseits des Lustprinzips* (1920) sind in diesem Zusammenhang auch Pierre Janets Abhandlung *L'Automatisme psychologique* (1889) und die darin veröffentlichten Studien zur hysterischen Anästhesie relevant.
3   Freud bezieht sich auf den Psychiater und Kriminologen Paul Adolf Näcke sowie auf den Sexualforscher Henry Havelock Ellis.

servomechanisms" (ebd., 51). McLuhan fasst die Gefahr des Kontrollverlustes gegenüber Technologien als Steuerungs- mechanismus, den er auf die Funktionsweise psychischer und motorischer Automatismen überträgt.[4] Automation stellt für ihn zugleich das grundlegende Prinzip der informationstechnologischen Organisation von Arbeit und Freizeit dar, wie er im letzten Kapitel von *Understanding Media* betont – das Zeitalter der Elektrizität ist zugleich ein Zeitalter der Automation. Automation sei eine Weise des Denkens wie des Machens und garantiere als allgemeines Steuerungsprinzip die „organische Einheit von ineinander- greifenden Abläufen" (McLuhan 1995, 523): „the organic unity of interprocess" (McLuhan 2001, 380). Durch die Automation wird für McLuhan zugleich die mechanistische Weltordnung durch eine kybernetische abgelöst, wie er an gleicher Stelle betont:

> Automation is not an extension of the mechanical
> principles of fragmentation and separation of
> operations. It is rather the invasion of the mechanical
> world by the instantaneous character of electricity.
> That is why those involved in automation insist that it is
> a way of thinking, as much as it is a way of doing. (Ebd.,
> 381)

Für ihn ist dabei entscheidend, dass die Automation mittels elektronischer Informationsübertragung räumlich bzw. zeitlich auseinanderliegende Abläufe steuert. McLuhan hebt dabei besonders die Rolle kybernetischer Rückkoppelung hervor: Automation ist für ihn daher in erster Linie „Kybernation" (vgl. McLuhan 1995, 524).

Die narzisstische Ausweitung im Spiegelbild folgt in McLuhans Diktion also nur scheinbar der linear-visuellen Logik der Projektion und der supplementären Logik der Prothese, der gemäß der Mensch ein Mängelwesen sei, das

---

4   Der kybernetische Begriff des Servomechanismus findet auch in
     anderen Disziplinen Verwendung. Der Anthropologe Edward T. Hall
     (1966, 5) benutzt ihn, um den kommunikativen Austausch sensitiver
     Informationen zu beschreiben.

sich an seine Umgebung mit Hilfe von Organerweiterungen anpassen müsse.[5] Im Verlauf seiner Argumentation begreift McLuhan die Ausweitung und ihre narkotisierende Wirkung vielmehr als wechselseitigen Adaptionsvorgang, als ineinandergreifende Folge von Irritationen (Umgebung) und Gegenirritationen (Organismus). Im Zeitalter elektronischer Medien stellt der Vorgang der Extension gerade keine mechanische Ausweitung einzelner Körperteile oder des Körperbildes dar, wie das gewählte Beispiel der narzisstischen Spiegelung zunächst nahelegt – die Pointe von McLuhans Argumentation liegt vielmehr im gleichwohl kritisch beleuchteten kybernetischen Begriff des Servomechanismus, der sowohl die mechanistische als auch die prothetische Auffassung der Extension hinter sich lässt. Extension oder Ausweitung meint im Zeitalter der Elektrizität vielmehr die Selbstregulierung komplexer Beziehungen zwischen Organismus und Umgebung. Die Mechanik der Prothese wird dabei zugleich von einer Ökologie der Medien abgelöst, welche die Interdependenzen zwischen akustisch-taktilen Umgebungsmedien und tribal gefasster Sozialität in den Blick nimmt, die McLuhan in das Bild des *global village* gefasst hat.[6]

Im Zusammenhang dieser Neuausrichtung des Konzeptes der Ausweitung des Menschen kommt McLuhan auch auf die medizinischen Forschungen von Hans Selye und Adolphe Jonas zu sprechen. Von ihnen übernimmt er den Begriff der Selbstamputation, der die Reaktion des menschlichen Organismus auf eine starke Irritation und seine damit einhergehende Gefährdung bezeichnet:

> Any extension of ourselves they regard as ‚autoamputation‘, and they find that the autoamputative power or strategy is resorted to by the body when the

5 Zur Vorstellung des Menschen als Mängelwesen vgl. Gehlen (1940).
6 Vgl. vor allem das Kapitel „Radio: The Tribal Drum" in McLuhan (2001) sowie McLuhan (1967c). James R. Beniger (1986, 26; 436) hat McLuhans *global village* als Ausdruck der Kontrollrevolution interpretiert. Die Idee des *global village* übernimmt McLuhan von Buckminster Fuller (vgl. Wigley 2001, 86).

perceptual power cannot locate or avoid the cause of
irritation. (McLuhan 2001, 46)

Ausweitung und Selbstamputation stehen demnach in einem Wechselverhältnis – sie sind interdependent. Solche körpereigenen Reaktionen auf äußere Reize bzw. Irritationen hat Selye, der an seinem Institute for Experimental Medicine and Surgery an der Universität von Montreal zahlreiche klinische Studien durchführte, unter dem Begriff „Stress" gefasst und als Stresssyndrom beschrieben. Bereits 1950 veröffentlichte er seine umfangreiche Studie *The Physiology and Pathology of Exposure to Stress: A Treatise Based on the Concepts of the General-Adaptation-Syndrome and the Diseases of Adaptation*, auf die 1956 *The Stress of Life* folgte, die in erweiterter Form 1975 wiederaufgelegt wurde (vgl. Selye 1975b).

McLuhan greift Selyes Stresskonzept an verschiedenen Stellen von *Understanding Media* auf. Bereits im ersten Kapitel weist er darauf hin, dass sich die Forschungen des Endokrinologen „mit der ganzen Umweltsituation" (McLuhan 1995, 26) – „with the total environmental situation" (McLuhan 2001, 11) – solcher Irritationen auseinandersetzen würden.[7] Außerdem bezieht er sich im zweiten Kapitel implizit auf Selyes Stresskonzept und dessen Stadien Alarmzustand, Widerstand und Erschöpfung, wenn er die Adaptionsprozesse im Zeitalter der Elektrizität diskutiert:

> We have been through the three stages of alarm, resistance, and exhaustion that occur in every disease or stress of life, whether individual or collective. At least, our exhausted slump after the first encounter with the electric has inclined us to expect new problems. (Ebd., 29)

---

7   In der deutschen Übersetzung von *Understanding Media* wird „environment" durchgängig mit „Umwelt" übersetzt. Eingedenk der unterschiedlichen englischen und deutschen Begriffstraditionen wäre „Umgebung" zutreffender.

Die Vorstellung einer narkotisierenden Wirkung von Technologien unter Stress und einer Selbstamputation als Gegenreaktion durchzieht das ganze Buch.

Selye (1975b, 283) hatte in *The Stress of Life* behauptet, dass das Überleben von mehrzelligen Organismen von ihrer Fähigkeit abhänge, Stress durch eine friedliche Wechselbeziehung mit ihrer Umgebung bewältigen zu können. Demnach wird ein Organ isoliert und betäubt, falls es zu sehr belastet wird, um diese Wechselbeziehung nicht zu gefährden. Um dieses Organ wieder in den Organismus zu integrieren, sei ein Gegenreiz notwendig, zum Beispiel ein heftiger Schock.[8] Diese Notwendigkeit eines Gegenreizes hat auch Adolphe Jonas erkannt, der in seiner 1962 erschienenen Schrift *Irritation and Counterirritation: A Hyperthesis About the Autoamputative Property of the Nervous System* Selbstamputationen als simplen Reiz-Reaktions-Mechanismus beschrieben hat: „The C[entral] N[ervous] S[ystem] must possess intrinsic mechanisms which will be called into action any time any part of the organism becomes the source of supernormal irritation" (Jonas 1962, 10). Dieser allgemeine Mechanismus ist Jonas zufolge symptomatisch für hochentwickelte Organismen, die viele unterschiedliche Umweltreize verarbeiten müssen (vgl. Cavell 2002, 86–87).

McLuhan, so lässt sich schlussfolgern, zieht die Forschungen von Selye und Jonas heran, um Prozesse der Autoimmunisierung zu veranschaulichen und gleichzeitig den Fokus auf die Wechselwirkungen zwischen Organismus und Umwelt zu verschieben. Ausweitung, Extension, wird somit als Folge von Interaktionen zwischen Organismen und ihrer informationstechnologisch ausgeweiteten Umgebung greifbar. Diese Interaktionen sind als Wechselspiel von Irritation und Gegenirritation, Verstärkung und Verminderung beschreibbar und regulierbar.[9] Ihr Ziel ist es, ein

---

8   Zur Epistemologie dieses Modells vgl. Cantor und Ramsden (2014).

9   Das ist auch die zentrale Annahme der allgemeinen Systemtheorie Ludwig von Bertalanffys. Er untersucht nicht nur „relations of

metastabiles Gleichgewicht herzustellen. In diesem ökologischen Denken wird der Mensch nicht als Mängelwesen konzipiert, sondern die Unangepasstheit an seine Umgebung bildet vielmehr die Voraussetzung dafür, dass sich solche Gleichgewichtszustände durch die Umbildung des gesamten Gefüges von Relationen zwischen Organismen und ihrer Umgebung überhaupt herstellen lassen.

Stress

Weniger bekannt ist, dass sich McLuhan bereits lange vor Erscheinen von *Understanding Media* mit Selyes Forschungen beschäftigt hat. Im ersten Heft der gemeinsam mit Edmund Carpenter herausgegebenen Zeitschrift *Explorations* wurde schon 1953 eine längere Zusammenfassung von Selyes Untersuchungen zum Stresssyndrom veröffentlicht. Aus diesem fachwissenschaftlichen Zeitschriftenbeitrag lässt sich erschließen, was die Anthropologen und Kommunikationsforscher um McLuhan an Selyes Forschungen interessiert hat. Er gibt zudem näheren Aufschluss über die mehr als zehn Jahre später veröffentlichten Passagen in *Understanding Media*.

Selye versteht unter Stress ein *general adaptation syndrome* genanntes nicht-spezifisches Aktions-Reaktions-phänomen, „a non-specific action-reaction phenomenon" (Selye 1953, 68) – genauer: einen komplexen Steuerungs-mechanismus von Organismen (Reiz–Reaktion), aber auch von anorganischer Materie (Kraft–Widerstand), um gegenüber äußeren Einwirkungen bestehen zu können.[10] Dazu

organization resulting from a dynamic interaction" (Bertalanffy 1950, 135), die für Biologie und Physik genauso gelten sollen wie für Psychologie und Soziologie, sondern beschreibt auch den lebenden Organismus als offenes, im Fließgleichgewicht bzw. „steady state" (ebd., 157) befindliches System.

10 Vgl. zu „Stress" als physikalisches Phänomen Selye (1953, 58): „In physics the word denotes the interaction between a force and the resistance opposed to it, for example pressure and tension putting inanimate matter under stress." Selye unterscheidet genau genommen zwischen „local adaptation syndrome" und „general

entwickelt er ein dreistufiges Verlaufsmodell der Reaktion auf solche Einwirkungen: „(1) The alarm reaction in which adaptation has not yet been acquired; (2) the stage of resistance, in which adaptation was optimal; and (3) the stage of exhaustion, in which adaptation was lost again" (ebd., 59[11]), das McLuhan, wie bereits erwähnt, in *Understanding Media* wieder aufgreift. Adaption bezeichnet für Selye also einen überaus fragilen Gleichgewichtszustand, der immer wieder neu erreicht werden muss und dessen Aufrechterhaltung den Organismus zugleich erschöpft.[12]

Dabei mündet die Abfolge aus Irritation, Widerstand und Erschöpfung nicht notwendig in einen Gleichgewichts-zustand. Das heißt, der Zustand der Erschöpfung kann auch zum Scheitern der Anpassung und damit zum Absterben des Organismus führen. Deshalb empfiehlt Selye in seinem Buch *The Stress of Life* auch das kluge Haushalten mit den endlichen Energieressourcen des Organismus. Er tut dies in Einklang mit biosozialen Vorstellungen der Homöostase bzw. Selbststeuerung, die Anfang des 20. Jahrhunderts besonders einflussreich von Lawrence Henderson und Walter Bradford Cannon vertreten wurden. Cannon (1932, 249–267) spricht in seiner 1932 erschienenen Abhandlung *The Wisdom of the Body* in Anlehnung an Claude Bernards „milieu intérieur" von einem „internal environment" und unterstreicht die Rolle des Stoffwechsels und des Neben-nierensystems für die Aufrechterhaltung des körperlichen Gleichgewichts. In dem 1935 erschienenen Aufsatz „Stresses

adaptation syndrome". Im selben Jahr wie Selyes Aufsatz erschien auch Eugene P. Odums *Fundamentals of Ecology*.

11 Selye hat die Vorstellung einer lebenszeitlich begrenzten Adaptations-energie bereits in den Dreißiger Jahren entwickelt (vgl. Jackson 2012, 14). Mark Jackson geht auch auf den Einfluss von Walter B. Cannons Homöostase-Konzept auf Selye ein. Für diesen Hinweis danke ich Erhard Schüttpelz. Vgl. auch Jackson (2013).

12 Der britische Neurologe William Ross Ashby hat in den 1940er Jahren ebenfalls den Zusammenhang zwischen Adaption und Homöostase untersucht und den Bau eines elektromechanischen ultrastabilen Homöostats unternommen (vgl. Ashby 1940, 1948; Pickering 2010, 91–170).

and Strains of Homeostasis" verwendet Cannon zudem den Begriff „Stress" zum ersten Mal (vgl. Kury 2012, 62). Die Bedeutung von Cannons Homöostase-Konzept für Selyes in den 1930er Jahren begonnene Stressforschung zeigt sich auch darin, dass dieser in Übereinstimmung mit den Naturgesetzen des Stoffwechsels soziale Verhaltensweisen zu programmieren suchte, wie er wiederum in *The Stress of Life* betont hat: „Can the scientific study of stress help us to formulate a precise program of conduct" (Selye 1975b, 294)?[13]

Um ein solches präzises Programm entwickeln zu können, hat Selye als Endokrinologe in erster Linie die Produktion und Ausschüttung bestimmter Hormone untersucht, die stets im Zusammenhang mit unspezifischen Krankheitssymptomen auftreten und bei der Regulierung des Stoffwechsels eine wichtige Rolle spielen. Unter dem Begriff „Stresssyndrom" fasst er in seinem Aufsatz von 1953 entsprechend stereotype hormonelle Reaktionsmuster zusammen, mit deren Hilfe Organismen den Druck auf einzelne Organe indirekt erhöhen bzw. reduzieren: „Stress itself was perhaps the most effective and most common factor capable of conditioning the actions of adaptive hormones" (Selye 1953, 61). Bei der experimentellen Erforschung von Adaptionsvorgängen hat Selye wiederkehrende Reaktionsmuster beobachtet: einerseits Schock, Zerstörung oder Rückbau von organischen Strukturen (z. B. Magengeschwüre), andererseits verstärkte Aktivität bei bestimmten Organen (z. B. der Nebennieren). Aus seiner Sicht bedeutet Krankheit die Unfähigkeit eines Organismus, seinen Stoffwechsel, der in erster Linie von Hypothalamus (Bereich des Zwischenhirnes), Hypophyse (Hirnanhangsdrüse) und Nebennieren gesteuert wird, unter Druck umzuarbeiten:

> [T]he hypophysis-adreno-cortical system ... might either enhance or inhibit the body's defense reactions

13   Zur Bedeutung von Cannon vgl. auch Selye (1975a); Cross und Albury (1987); Borck (2014).

against stressor agents. We thought derailments of this adaptive mechanism were the principle factors in production of certain maladies which might therefore be considered diseases of adaptation. (Ebd., 61)

Die mangelnde Fähigkeit eines Organismus, sich gegen Stressoren auf Dauer zu verteidigen, das Versagen des Adaptionsmechanismus also, bezeichnet Selye entsprechend als Adaptionskrankheit. Er unterscheidet zudem zwischen quantitativem und qualitativem Stress sowie zwischen einer homotrophen, einer hypertrophen und einer heterotrophen Adaption je nach Differenzierungsgrad der jeweiligen Reaktionsform. Weniger differenzierte organische Strukturen weisen demnach eine höhere Flexibilität in der Reaktion auf Stressoren auf als stark differenzierte: „[T]he more a cell differentiates for a given function, the less it is capable of heterotrophic adaptation" (ebd., 67). Deshalb interessiert sich Selye auch besonders für Kombinations- und Permutationsmöglichkeiten der verschiedenen Reaktionstypen: „Could it be that the apparent multiplicity of specific reactions is due merely to combinations and permutations of such single reaction-types of which the various biologic elements of the body are capable" (ebd., 70)?

Die rein funktionale Unterscheidung von Reaktionstypen und ihren Relationen zu entsprechenden mikrostrukturellen (in der Zellstruktur lokalisierten) Akteuren, die er in Analogie zu physikalischen Elementarteilchen „reacton" nennt, erlaubt es Selye, die Frage nach der kleinsten materiellen Einheit des Lebendigen außer Acht zu lassen und stattdessen ausschließlich deren gegenseitige Relationen in den Blick zu nehmen:

> Nothing in our observations justifies the conclusion that the essence of these elementary targets is necessarily a somatic structure, that is, matter. It is equally possible the reacton is only a focus of interrelations, a functional plan or pattern which governs the organization of matter. (Ebd., 71)

Sein Beitrag im ersten Heft der *Explorations* endet daher
mit einer allgemeinen funktionalen Theorie von Reaktions-
mustern kleinster Einheiten, die biologische Reaktionen
zeigen. Da Selye zufolge jedes *reacton* nur eine spezifische
Reaktionsweise besitzt, sind auf dieser Ebene qualitative
Unterschiede bedeutungslos. Spezifität erreicht eine Aktion
für ihn vielmehr durch die Affinität zwischen den jeweiligen
Agenten und *reactons*. Eine Reaktion wird demnach
wiederum spezifisch durch die Wahlmöglichkeiten, die sie
hat. Und Intensität stellt sich nur über die Anzahl der akti-
vierten Aktionen her.

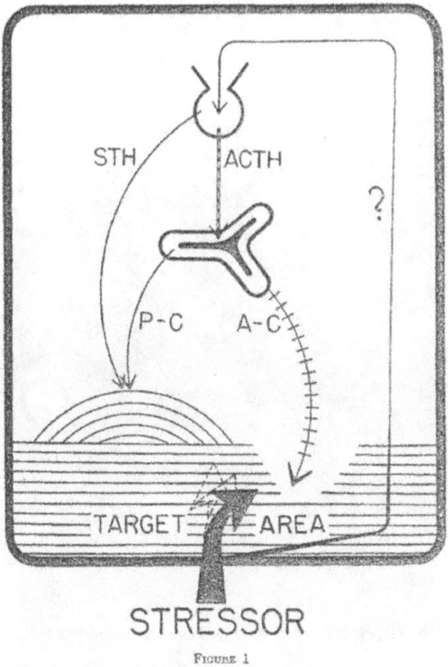

Abbildung 1: Reaktion auf Irritation (Quelle: Selye 1953, 63)

Um seine Konzeption von Stress als Adaptionskrankheit zu
veranschaulichen, fügt Selye dem Aufsatz drei schematische
Abbildungen hinzu. Die erste Abbildung verdeutlicht die
direkte sowie die für seine Stressforschung entscheidende
indirekte Reaktion auf eine Irritation eines menschlichen

Organismus, also zum Beispiel eine lokale Entzündung
(Abb. 1).[14] Die indirekte Reaktion besteht zum Beispiel in
der Ausschüttung bestimmter Hormone wie Adrenalin, das
in den Nebennieren produziert wird. Die zweite Abbildung
illustriert den Verlauf einer Stressreaktion vom Alarm-
stadium bis zur Erschöpfung. Besonders aufschlussreich
ist jedoch die dritte Abbildung, die genau genommen aus
insgesamt sechs schematischen Zeichnungen und zum Teil
ausführlichen Kommentaren zu ihnen besteht. Die erste
dieser Zeichnungen zeigt eine netzartige Struktur mehr oder
weniger durch Linien miteinander verbundener Punkte,
die zudem unterschiedlich groß sind. Einige dieser punkt-
förmigen Knoten weisen zudem Nummern auf (vgl. Abb. 2).

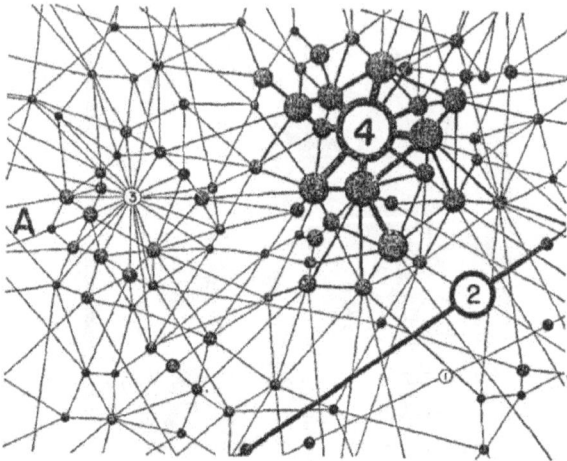

Abbildung 2: Verlauf einer Stressreaktion (Quelle: Selye 1953, 72)

Diese schematische Darstellung soll Selyes Modell
spezifischer und unspezifischer Stressreaktionen und
die unterschiedlichen Interaktionsweisen der von ihm
identifizierten *reactons* verdeutlichen. Sie zeige demnach

14 Die Abbildung ist wieder abgedruckt in Selye (1975b, 106). Dort
    präzisiert er: „*Stress shows itself as a* specific *syndrome, yet it is* non-
    specifically induced. … *A nonspecifically formed change* is one that
    affects all, or most, parts of a system without selectivity." (ebd., 56)

reactons in various stages of development and
associated by interactions of various importance.
One might visualize them as focal knots in a complex
network of more or less rigid interactions. (Selye 1953,
72)

Auffällig an diesem Modell ist die Annahme einer netzwerk-
artigen Interaktionsstruktur innerhalb des Zellgewebes, die
dazu führt, dass Irritationen dieses Gefüges Auswirkungen
auf jeden Bereich haben, wie Selye an gleicher Stelle aus-
führt: „Pressure exerted upon any focus will displace others
as well, depending upon the number and strength of the
connections between the directly affected focus and the
rest of the system" (Selye 1953, 72). Die aufsteigenden
Zahlen sollen den Entwicklungsstand ausgewählter *reactons*
und die entsprechend steigenden Reaktionsmöglichkeiten
markieren, die gleichzeitig immer unspezifischer ausfallen:
„Stimulation at (1) will have a specific effect (2), while stimulation at (3) will have a non-specific effect, even though
the agent acted at one point only (4)" (Selye 1953, 72).

Entscheidend für McLuhans Adaption dieses funktionalen
endokrinologischen Konzeptes, das Stress zu einem
Netzwerk multipler Mikroreaktionen erklärt, ist jedoch,
dass Selye die Selbstregulierungskräfte des Organismus
hervorhebt – also dessen Fähigkeit, auf Stressfaktoren in
verschiedener Weise, nämlich entweder durch homotrophe,
hypertrophe oder heterotrophe Adaption, zu reagieren und
sie dadurch eine gewisse Zeit lang abwehren zu können.
Besonders interessiert er sich jedoch für Selyes Auffassung
der Homöostase oder *„organic stability"*, die er in *Understanding Media* ebenfalls aufgreift:

Any invention or technology is an extension or self-
amputation of our physical bodies, and such extension
also demands new ratios or new equilibriums among
the other organs and extensions of the body. (McLuhan
2001, 49)

Dieser Gleichgewichtszustand wird durch jede Erfindung oder technologische Neuerung herausgefordert und lässt sich für McLuhan nur als temporärer bzw. metastabiler denken. Das gilt umso mehr im Zeitalter akustisch-taktil wirkender elektronischer Medien und den durch sie programmierten subliminalen „service environments of information" (vgl. McLuhan 1989, 15), die das Zusammenspiel der menschlichen Sinne mit ihrer akustisch-taktilen Umgebung vor neue Herausforderungen stellen. Deshalb unterstreicht McLuhan in *Understanding Media* auch die therapeutische Notwendigkeit von Gegenreizmitteln, wenn er im Kapitel „Games: The Extensions of Man" Sport, Unterhaltung, Alkohol auf der einen Seite, Ruhe und Erholung auf der anderen Seite als Maßnahmen anführt, um den Organismus im Gleichgewicht zu halten. Selbst die betäubende Wirkung eines physischen oder psychischen Schockes lässt sich von dieser Warte aus als temporärer Gegenreiz verstehen, der das Überleben des Organismus sichert. Eine totale Schließung des Zentralnervensystems, die das Bewusstsein ausschaltet, gilt es jedoch gerade wegen seiner Ausweitung auf eine informationstechnologisch erweiterte Umgebung immer wieder zu verhindern, damit sich der Mensch des Zeitalters der Elektrizität nicht komplett zum Servomechanismus eingespielter kybernetischer Feedbackmuster macht, so wie das Kanu den Indianer oder die Uhr den Beamten (vgl. McLuhan 2001, 51).

So stellt gerade die Narkotisierung des Bewusstseins für McLuhan nicht nur die Voraussetzung dafür dar, sich dieser Betäubung im Zeitalter der Elektrizität bewusst werden zu können, sondern sie bietet auch die Möglichkeit eines „augenblicklichen Erfassens des Gesamtfeldes" (McLuhan 1995, 82) – einer „instant, total field-awareness" (McLuhan 2001, 52).[15] Diese mediale Ausweitung des akustisch-taktilen Interaktionsfeldes hebt als Gegenreiz die Betäubung

15 McLuhan hat sich in diesem Zusammenhang mit Feldtheorie (Kurt Lewin), Phänomenologie der Wahrnehmung (Erwin Strauss) und experimenteller Physiologie (E. A. Bott) beschäftigt.

gewissermaßen auf und lässt den Teil des gesellschaftlichen Lebens im *global village* hervortreten, der bisher unsichtbar geblieben war: das Zusammenleben in einer gemeinsamen Umgebung.[16] McLuhans Interesse an Selyes Stressforschung und seinem multimodalen Adaptionskonzept lässt sich also auf die medienökologische Notwendigkeit von nichtspezifischen Reaktionen und indirekt wirkenden Gegenreizen zurückführen, die jene „organic unity of interprocess" (vgl. McLuhan 2001, 380) generieren, die unterschwellig agiert und die vermeintlichen Gewissheiten der „kybernetischen Illusion" (Pias 2002) außer Kraft setzt.

Environment

Am 20. November 1964, im Jahr des Erscheinens von *Understanding Media*, hält Marshall McLuhan auf einem in Washington von verschiedenen Universitäten organisierten *Symposium on Cybernetics and Society* einen Vortrag mit dem Titel „Cybernetics and Human Culture". In diesem Vortrag verdeutlicht er sein durchaus emphatisches Verständnis von Kybernetik, indem er wiederum eine Verbindung zwischen der akustisch-taktilen und der elektronischen Welt zieht.[17] Auch der Automation weist er erneut eine entscheidende Rolle bei der Kybernetisierung zu, die ein neues *environment* entstehen lasse, „consisting of a network of information and feedback loops" (McLuhan 2005, 47). Durch die Kybernetisierung wird für McLuhan nicht nur die Zirkulation von Informationen beschleunigt, sondern auch eine totale Veränderung der Handlungsweisen und

16 Neben der Kybernetik hat auch die Stressforschung die wissenschaftliche Ökologie beeinflusst, wie folgende Aussage Barry Commoners (1971, 38) belegt: „The amount of stress which an ecosystem can absorb before it is driven to collapse is also a result of its various interconnections and their relative speeds of response. The more complex the ecosystem, the more successfully it can resist a stress."

17 Den Einfluss kybernetischer Modelle (weniger Norbert Wieners *Cybernetics* von 1948 als dessen *The Human Use of Human Beings* von 1950 sowie Jürgen Rueschs und Gregory Batesons *Communication: The Social Matrix of Psychiatry* von 1951) hat Theall (2001, 30) dokumentiert.

der sozialen Organisation ausgelöst, die den Menschen jedoch erst dann bewusst wird, wenn sie Inhalt einer neuen Umgebung wird (vgl. ebd., 48). In der neuen Welt der nahezu augenblicklichen Zirkulation von Informationen sind für ihn die Folgen jeder Handlung jedoch sofort erfahrbar – und das heißt: sie sind in hohem Maß korrigierbar. Norbert Wieners (1954, 46) dystopisches Argument – „We have modified our environment so radically that we must now modify ourselves in order to exist in this new environment." – wendet McLuhan schlicht um und besetzt es positiv.

Aus diesem Grund glaubt er auch, dass Feedbackmuster die komplette Programmierung der Umgebung übernehmen werden, die sich gleichzeitig zu einem „new world environment" (McLuhan 1967a, 43) umfassender Beteiligung ausweiten wird, wie er in seinem drei Jahre später veröffentlichten Aufsatz „Environment & Anti-Environment" behauptet. Wie schon in *Understanding Media* fasst McLuhan diese Inklusion in die akustisch-taktile Umgebung auch hier als sensorisches Körperbewusstsein, das permanent mit der Umgebung interagiert: „Cybernation seems to be taking us out of the world of classified data back into the world of integral pattern and corporate awareness" (ebd., 43). McLuhan verbindet mit diesem Zeitalter einer umfassenden Beteiligung („age of comprehensive involvement") zugleich die Ankunft eines „cosmic man" (vgl. McLuhan 1967a).[18] Dieser kosmische Mensch ist für ihn nichts anderes als ein Sensorium, das akustisch-taktil mit dem kosmischen Raum der Elektrizität verbunden sein soll: „Acoustic space is all touch and interplay, all resonance and sympathy" (McLuhan 1989, 17).

Seine Vorstellung, dass elektronische Medien eine total integrierende akustisch-taktile Umgebung gestalten und subliminale „service environments of information" (vgl. ebd., 15) entstehen ließen, lässt holistische Vorstellungen wiederaufleben, die in ökologischen und sozialen Utopien

---

18   McLuhan hat sich bereits in *Counterblast* (1954) mit Wyndham Lewis' Studie *America and Cosmic Man* (1948) auseinandergesetzt.

gleichermaßen Tradition sind. McLuhan gibt diesen Vorstellungen zugleich eine medienökologische Wendung,
wenn er die damals aktuellen elektronischen Medien
als äußerst dynamische akustisch-taktile Umgebungen
konzipiert, wie er in vielen seiner Veröffentlichungen seit
Ende der 1960er Jahre fast gebetsmühlenhaft wiederholt
hat: „Environments are not just containers, but are processes that change the content totally. New media are
new environments" (McLuhan 1967b, 165).[19] Arthur Kroker
(2005, 103) hat McLuhan deshalb als „a dynamic ecologist"
bezeichnet, der „a new, internal balance between technique,
imagination and nature" erreichen wollte. Auch für Richard
Cavell (2008, 273) ist McLuhan ein „Denker von Relationen
unter Spannung", der sich besonders für „die Schnittstellen,
die Lücken, die Echos" interessiert habe, aus denen diese
Relationen hervorgehen.

Entscheidend ist für McLuhan jedoch, dass sich diese neue
Umgebung elektronischer Medien genauso der direkten
Wahrnehmung und damit der Kontrolle entzieht wie alle
bisherigen Ausweitungen des Menschen: „The really total
and saturating environments are invisible. The ones we
notice are quite fragmentary and insignificant compared
to the ones we don't see" (McLuhan 1967b, 164). Sichtbar
wird für ihn jeweils nur die Umgebung, die durch eine neue
abgelöst wird, so wie ein altes Medium (z. B. der Film) Inhalt
eines neuen Mediums (in diesem Fall: des Fernsehens)
wird. McLuhan unterscheidet also zwischen alten, aber
sichtbaren und neuen, aber unsichtbaren Umgebungen. Er
konzipiert den Begriff des *environment* damit als mediale
Wahrnehmungsschwelle und gleichzeitig als Differenzial.
Mit dieser doppelten Perspektive versucht er auch, die subliminale Wirkung elektronischer Medien zu durchdringen.

19 Eine frühere Fassung des Aufsatzes wurde im Mai 1966 in der Zeitschrift *Canadian Architect* publiziert. Vgl. auch McLuhan (1967c, 68):
„Environments are not passive wrappings, but active processes
which work us over completely, massaging the ratio of the senses and
imposing their silent assumptions."

Diese epistemologische Trennlinie hat McLuhan selbst experimentell erforschen wollen. So schlug er zum Beispiel vor, die Wahrnehmungsschwelle der gesamten Bevölkerung von Toronto quantitativ zu messen, um dadurch Einblicke in deren Erfahrungsweisen zu gewinnen:

> [W]e are attempting to measure, quantitatively, the levels at which the entire population prefers to set its visual, auditory, tactile, visceral, and other senses as a matter of daily use and preference – how much light, how much heat, how much sound, how much movement – as a threshold level. (Ebd., 166)

Mit diesen Fragen bewegt sich McLuhan nicht nur im Umfeld von Urbanismus und politischen Umweltbewegungen seiner Zeit, sondern er umreißt zugleich den Forschungskatalog einer neuen Disziplin: der Medienökologie, die sich in den 1960er Jahren zu formieren begann.

Den Begriff einer „Medienökologie", den er 1968 geprägt hat, definiert Neil Postman (2000, 11) rückblickend als „the ways in which the interaction between media and human beings give a culture its character and, one might say, help a culture to maintain symbolic balance". Für Postman ist Medienökologie vor allem eine Ökologie des Mediengebrauches. Dessen Regulierung soll nach moralischen Standards erfolgen und zielt auf eine „symbolische Balance" ab. Postman bezieht sich dabei zugleich auf den prominenten entwicklungsbiologischen Ökologiebegriff Ernst Haeckels, der bereits 1866 die Wechselwirkungen zwischen Organismen und ihrer Umgebung beschrieben hatte. In seinem morphologischen Verständnis der Abstammungslehre spielt die Anpassung zugleich eine entscheidende Rolle.[20]

---

20   „Unter Oekologie verstehen wir die gesamte Wissenschaft von den Beziehungen des Organismus zur umgebenden Aussenwelt, wohin wir im weiteren Sinne alle ‚Existenz-Bedingungen' rechnen können. Diese sind theils organischer, theils anorganischer Natur; sowohl diese als jene sind … von der grössten Bedeutung für die Form der Organismen, weil sie dieselbe zwingen, sich ihnen anzupassen."

Anders als Postman hat McLuhan nicht die Eindämmung

medialer Wirkungen auf den einzelnen Menschen im Sinn, sondern die Neuerfindung des sozialen Lebens, in das dank elektronischer Medien, wie er glauben machen will, ganze Populationen integriert werden können. Dem Computer fällt dabei die Aufgabe zu, das orchestrale Zusammenspiel aller Sinne in größtmöglicher Komplexität zu programmieren, wie er ebenfalls in seinem Aufsatz „The Invisible Environment" unterstreicht: „The computer will be in a position to carry out orchestrated programming of the sensory life of entire populations" (McLuhan 1967b, 166).

Angesichts einer technologischen Lage, in der globale Computernetzwerke und umfassende digitale Umgebungen nahezu jegliche Bewegung von Lebewesen und Dingen registrieren und überwachen, fällt es schwer, mehr als fünfzig Jahre nach Erscheinen von *Understanding Media* McLuhans Enthusiasmus über die verbindende Macht elektronischer Medien zu teilen, auch wenn er die Auswirkungen einer elektronischen Überwachung durchaus antizipiert hat.[21] Die Tatsache, dass in einer vernetzten digitalen Welt auch Menschen nur Daten produzieren, löst heute keineswegs dieselbe Begeisterung aus wie noch bei McLuhan:

> As we move to the world of integral, computerized knowledge, mere classification becomes secondary and inadequate to the speed with which data can now be processed. As data can be processed very rapidly we move literally into the world of pattern recognition, out of the world of mere data classification. ... The young person today is a data processor on a very large scale. (McLuhan 1989, 164)

(Haeckel 1866, 286) Postman (2000, 11) übersetzt Haeckels „Aussenwelt" als „environment": „the interactions among the elements of our natural environment, with a special emphasis on how such interactions lead to a balanced and healthful environment."

21 Vgl. McLuhan (1967c, 24): „Electronic surveillance of every human being, every human action, is now reality."

Die Kybernetik komplexer Systeme scheint als Leitdisziplin in McLuhans Zeitalter der Elektrizität zugleich die Vision einer Programmierung des sensorischen Lebens bzw. von Umgebungen zu erfüllen, die eine Verbindung zwischen messbaren Körper- und Umgebungsdaten wie Temperatur und Licht herstellt und ein optimales Gleichgewicht anstrebt.[22] Arthur Kroker (2005, 107) zufolge verbindet McLuhan in solchen Formulierungen eines technologischen Sensoriums geradezu Biopolitik und Technogenese. McLuhans „Gadget Lover" ist gegenüber den Verheißungen solcher avancierten Steuerungsmechanismen, für die sich nicht zuletzt die Medienwissenschaft zunehmend interessiert (vgl. Parisi 2009; Hansen 2011), aufgeschlossen und bereitet damit den Weg zu einer posthumanen Sensibilität (vgl. Hayles 1999, 34).

Counter Environment

Weniger bekannt ist, dass McLuhan sich neben seiner Tätigkeit als Wissenschaftler auch in aktuelle umweltpolitische Debatten eingemischt hat. Vor allem gegen steigende Umweltverschmutzung und den Bau von mehrspurigen Schnellstraßen durch gewachsene Wohnviertel seiner Heimatstadt Toronto hat er protestiert, wie sein Biograf Philip Marchand (1998, 239) berichtet. Diese Aktivitäten lassen sich als Versuch verstehen, die umfassenden sozialen, ökonomischen und kulturellen Veränderungen im Zeitalter elektronischer Medien nicht nur zu verstehen, sondern ihnen gegenüber eine kritische Haltung zu bewahren und sich aktiv an politischen Entscheidungsprozessen zu beteiligen. Aus diesem Selbstverständnis heraus hat McLuhan im Jahr 1970 Jane Jacobs, eine der damals führenden Vertreterinnen des Urbanismus, kontaktiert und zusammen mit dem Filmemacher David MacKay *The Burning Would* produziert (vgl. Marchand 1998, 239; Nevitt 1995, 101–102).

---

22 Wiener (1954, 23) zufolge besitzen moderne automatische Maschinen wie zum Beispiel fotoelektrische Zellen oder Thermometer „sense organs; that is, receptors of messages coming from the outside".

Jacobs führte seit den 1960er Jahren Bürgerinitiativen
in New York und Toronto an, die sich gegen den Abriss
gewachsener Wohnviertel und die städtebauliche Neuord-
nung zugunsten vielspuriger Verkehrsstraßen und vertikaler
Bebauung erfolgreich zur Wehr setzten. 1961 veröffentlichte
sie ihre im Auftrag der Rockefeller Stiftung durchgeführte
Studie *The Death and Life of Great American Cities*, die unter
Politikern und Städteplanern kontroverse Diskussionen aus-
löste. Darin vertrat sie die Meinung, dass Städte „physical
places" (Jacobs 1992, 95) seien, deren Verhalten das Resultat
von komplexen Wechselwirkungen mit ihren Bewohnern
darstelle. Ihre Untersuchungen unterschiedlicher Nutzungs-
weisen von Gehwegen und Nachbarschaftsparks belegen
zudem den Einfluss positiven bzw. negativen Feedbacks:
„[N]eighborhood parks themselves are directly and
drastically affected by the way the neighborhood acts upon
them" (ebd.).

Der gemeinsam mit McLuhan realisierte Kurzfilm ist auf
den ersten Blick ein ziemlich plakatives visuell-akustisches
Mosaik. Er kombiniert Verkehrs- und Baustellenlärm mit
entsprechenden Bildern von zusammenstoßenden Autos
und Verkehrsstaus und stellt ihnen in kurzen Schnittfolgen
wahlweise Aufnahmen von idyllischen Freizeitvergnügen
in natürlicher Umgebung, untermalt von klassischer Musik,
gegenüber. *The Burning Would* soll anscheinend McLuhans
Vorstellung eines notwendigen Ausgleiches zwischen Stress
und Erholung im Sinne eines Wechselspieles zwischen Reiz
und Gegenreiz verdeutlichen. Der Filmtitel stellt zugleich
eine Anspielung auf James Joyces experimentellen Roman
Finnegans Wake dar, mit dem sich McLuhan intensiv auseinandergesetzt hat (vgl. Marchand 1998, 239).

Mit diesem experimentalfilmischen Projekt hat McLuhan
versucht, seiner Vorstellung eines *anti-* bzw. *counter
environment* Geltung zu verschaffen. Anti- bzw. Gegen-
umgebungen übertragen für ihn das Prinzip der Umkehr,
der Gegenirritation auf den größtmöglichen Raum, also
letztlich den Kosmos. Der Mechanismus, der sich im

mikroskopischen Bereich endokrinologisch beobachteter Stressbewältigung von Organismen bewährt hat, soll auch im makroskopischen Bereich maximal komplexer Umgebungen anwendbar sein, sofern unangepasste und daher sensible Akteure, also zum Beispiel bildende Künstler oder Musiker, in der Lage sein sollen, sich aus der Welt umfassender Beteiligung zu lösen und ihrer Mitwelt den Spiegel vorzuhalten und, wie das zum Beispiel John Cage oder die Beatles getan hätten, das Bewusstsein ihrer Mitmenschen für ungewohnte akustische Räume und Resonanzmuster zu schärfen.

Das elektronische Zeitalter umfassender Beteiligung ist für McLuhan auf solche kreative Störimpulse angewiesen, um sich von einem total integrierenden *environment* temporal distanzieren zu können. Auch hier bewährt sich erneut der Gedanke, dass jede Umgebung ein äußerst irritierbares materiell-funktionales Gefüge divergierender Kräfte ist, das sich nur temporär im Gleichgewicht befinden kann. In gewisser Weise haben diese Gedanken – fünfzig Jahre nachdem McLuhan sie in *Understanding Media* entwickelt hat – wieder Konjunktur, wenn etwa Tiqqun (2011, 102) behaupten, dass „das Alterieren zwischen Souveränität und Machtlosigkeit sich nicht programmieren lässt".

McLuhans Auseinandersetzung mit Automation, Servomechanismus und Homöostase auf der einen Seite, und Narzissmus, Stress und Adaption auf der anderen Seite lässt sich als früher Versuch verstehen, die Komponenten eines mittels elektronischer Medien zum Kosmos ausgeweiteten *oikos* in seinen Relationen zu bestimmen und gleichzeitig Möglichkeiten zu erkunden, diesen Kosmos als offenes System von hoher Komplexität zu gestalten, in dem spezifische und nichtspezifische Reaktionen nebeneinander existieren. So gesehen produziert sein Insistieren auf Verfahren der Störung, der Umkehr und Negation einen agenziellen Überschuss, der Adaptionsprozesse auslöst. Für eine Geschichte der Medienökologie wäre McLuhans Vorstoß insofern von Bedeutung, als er die Umgebung als *oikos*

kosmischen Ausmaßes gefasst hat, in dem die Elektrizität **111**
Verbindungen und damit Beziehungen knüpft.

Literatur

Ashby, Walter Ross. 1940. „Adaptiveness and Equilibrium." *Journal of Mental Science* 86: 478–484.

Ashby, Walter Ross. 1948. „Design for a Brain." *Electronic Engineering* 20: 379–383.

Beniger, James R. 1986. *The Control Revolution: Technological and Economic Origins of the Information Society*. Cambridge, Mass., London: Harvard University Press.

Bennett, Stuart. 1993. *A History of Control Engineering 1930–1955*. London: Peter Peregrinus Ltd.

Bertalanffy, Ludwig von. 1950. „An Outline of General System Theory." *The British Journal for the Philosophy of Science* 1 (2): 134–165.

Borck, Cornelius. 2014. „Die Weisheit der Homöostase und die Freiheit des Körpers: Walter B. Cannons integrierte Theorie des Organismus." *Zeithistorische Forschungen/Studies in Contemporary History* 11 (3): 472–477.

Cannon, Walter B. 1932. *The Wisdom of the Body*. London: Kegan Paul, Trench, Trubner & Co.

Cantor, David und Edmund Ramsden. 2014. *Stress, Shock, and Adaptation in the 20th Century*. Rochester, N. Y.: University of Rochester Press.

Cavell, Richard. 2002. *McLuhan in Space: A Cultural Geography*. Toronto, Buffalo, London: University of Toronto Press.

Cavell, Richard. 2008. „McLuhans Gespenster." In *McLuhan neu lesen: Kritische Analysen zu Medien und Kultur im 21. Jahrhundert*, herausgegeben von Derrick de Kerckhove, Martina Leeker und Kerstin Schmidt, 270–284. Bielefeld: Transcript.

Commoner, Barry. 1971. *The Closing Circle: Nature, Man and Technology*. New York: Alfred A. Knopf.

Cross, S. J. und W. R. Albury. 1987. „Walter B. Cannon, L. J. Henderson and the Organic Analogy." *Osiris* 3: 165–192.

Freud, Sigmund. 1981. „Zur Einführung des Narzißmus." In Sigmund Freud: *Gesammelte Werke*. Bd. X, herausgegeben von Anna Freud, E. Bibring und W. Hoffer, 137–170. Frankfurt a. M.: S. Fischer.

Gehlen, Arnold. 1940. *Der Mensch: Seine Natur und seine Stellung in der Welt*. Berlin: Junker und Dünnhaupt.

Haeckel, Ernst. 1866. *Generelle Morphologie der Organismen: Allgemeine Grundsätze der organischen Formen-Wissenschaft, mechanisch begründet durch die von Charles Darwin reformirte Descendenz-Theorie*. Bd. 2. Berlin: G. Reimer.

Hall, Edward T. 1966. *The Hidden Dimension: An Anthropologist Examines Man's Use of Space in Public and in Private*. Garden City: Anchor Books.

Hansen, Mark B. N. 2011: „Medien des 21. Jahrhunderts, technisches Empfinden und unsere originäre Umweltbedingung." In *Die technologische Bedingung: Beiträge zur Beschreibung der technischen Welt*, herausgegeben von Erich Hörl, 365–410. Frankfurt a. M.: Suhrkamp.

Hayles, N. Katherine. 1999. *How We Became Posthuman: Virtual Bodies in Cybernetics, Literature, and Informatics*. Chicago, London: University of Chicago Press.

Hazen, Harold Locke 1934a. „Theory of Servomechanisms." *Journal of The Franklin Institute* 218 (3): 279–331.

Hazen, Harold Locke 1934b. „Design and Test of a High Performance Servomechanism." *Journal of The Franklin Institute* 218 (3): 543–580.

Jackson, Mark. 2012. „The Pursuit of Happiness: The Social an Scientific Origins of Hans Selye's Natural Philosophy of Life." *History of the Human Sciences* 25 (5): 13–29.

Jackson, Mark. 2013. *The Age of Stress: Science and the Search for Stability*. Oxford: Oxford University Press.

Jacobs, Jane. 1992. *The Life and Death of Great American Cities*. New York: Vintage Books.

Jonas, Adolphe. 1962. *Irritation and Counterirritation: A Hypothesis About the Autoamputative Property of the Nervous System*. New York: Vantage Press.

Kroker, Arthur. 2005. „Digital Humanism: The Processed World of Marshall McLuhan." In *Marshall McLuhan: Critical Evaluations in Cultural Theory*. Bd. 3: Renaissance for a Wired World, herausgegeben von Gary Genosko, 95–120. London u. a.: Routledge.

Kury, Patrick. 2012. *Der überforderte Mensch: Eine Wissensgeschichte vom Stress zum Burnout*. Frankfurt a. M., New York: Campus Verlag.

Lewis, Wyndham. 1948. *America and Cosmic Man*. London: Nicholson & Watson.

Marchand, Philip. 1998. *Marshall McLuhan: The Medium and the Messenger*. Cambridge, Mass.: MIT Press.

McLuhan, Marshall. 1967a. „Environment & Anti-Environment." In *The Human Dialogue: Perspectives on Communication*, herausgegeben von Floyd Marsen, 39–47. New York: The Free Press.

McLuhan, Marshall. 1967b. „The Invisible Environment: The Future of an Erosion." *Perspecta* 11: 163–167.

McLuhan, Marshall. 1967c. *The Medium Is the Massage: An Inventory of Effects*, unter Mitarbeit von Quentin Fiore und Jerome Agel. London u. a.: Penguin Books.

McLuhan, Marshall. 1989. *The Man and His Message*, herausgegeben von George Sanderson und Frank MacDonald. Colden, Colo.: Fulcrum.

McLuhan, Marshall. 1995. *Die magischen Kanäle: Understanding Media*. Dresden, Basel: Verlag der Kunst.

McLuhan, Marshall. 2001. *Understanding Media: The Extensions of Man*. London: Routledge & Kegan Paul.

McLuhan, Marshall. 2005. „Cybernetics and Human Culture." In *Marshall McLuhan: Understanding Me. Lectures and Interviews*, herausgegeben von Stephanie McLuhan und Davie Staines, 44–55. Cambridge, Mass.: MIT-Press.

Nevitt, Barington und Maurice McLuhan. 1995. *Who was Marshall McLuhan?* Herausgegeben von Frank Zingrone, Wayne Constantineau und Eric McLuhan. Toronto: Stoddart.

Odum, Eugene P. 1953. *Fundamentals of Ecology*. Philadelphia: W. B. Saunders.

Parisi, Luciana. 2009. „Technoecologies of Sensation." In *Deleuze/Guattari & Ecologies*, herausgegeben von Bernd Herzogenrath, 182–199. New York: Palgrave Macmillan.

Pias, Claus. 2002. „Die kybernetische Illusion." In *Medien in Medien*, herausgegeben von Claudia Liebrand und Irmela Schneider, 51–66. Köln: DuMont.

Pickering, Andrew. 2010. *The Cybernetic Brain: Sketches of Another Future*. Chicago: University of Chicago Press.

Postman, Neil. 2000. „The Humanism of Media Ecology." *Proceedings of the Media Ecology Association* 1: 10–16.

Rosenblueth, Arturo, Norbert Wiener und Julian Bigelow. 1943. „Behavior, Purpose, and Teleology." *Philosophy of Science* 10: 18–24.

Selye, Hans. 1953. „Stress." *Explorations* 1: 57–76.

Selye, Hans. 1975a. „Homeostasis and the Reactions to Stress: A Discussion of Walter B. Cannon's Contributions." In *The Life and Contributions of Walter B. Cannon*, herausgegeben von C. M. Brooks, K. Koizumi und J. O. Pinkston, 89–107. New York: State of New York University Press.

Selye, Hans. 1975b. *The Stress of Life*. New York: McGraw/Hill.

Theall, Donald. 2001. *The Virtual Marshall McLuhan*. Montreal: McGill, Queen's University Press.

Tiqqun. 2011. *Kybernetik und Revolte,* übersetzt von Ronald Voullié. Zürich: Diaphanes.

Wiener, Norbert. 1954. *The Human Use of Human Beings: Cybernetics and Society*. New York: Da Capo Press.

Wigley, Mark. 2001. „Network Fever." *Grey Room* 4: 82–122.

ELEKTRISIERUNG

BE-IN

TECHNO-ÖKOLOGIE

FASZINATIONSGESCHICHTE

HISTORISCHE AVANTGARDE

PSYTRANCE

GOA-SUBKULTUR

[5]

Understanding Media heute: McLuhans techno-ökologische Renaissance

Martina Leeker

In den 1960er Jahren kommt es in der Medientheorie McLuhans sowie in Kunst und Performance zu einer Verumweltlichung von Medien, die ein elektrisiertes Sein als holistisches und drogenartig bewusstseinserweiterndes *be-in* in medientechnischen *environments* verspricht. Findet sich dieses Erbe McLuhans und die mit ihm einhergehende Faszinationsgeschichte eines resonanten *be-in* heutzutage in techno-ökologischen Theorien sowie in der Psytrance der Goa-Festival-Szene wieder? Es steht in Frage, welche Bedeutung und welche Konsequenzen die Faszinationsgeschichte des *be-in* für den Umgang mit zeitgenössischen technologischen Umwelten in ubiquitären und selbst organisierten digitalen

Infrastrukturen hat, die vor allem von der Verarbeitung von Daten z.B. von menschlichen Agierenden „leben". Könnte die Faszination dazu beitragen, politische und ökonomische Machenschaften zu übersehen und wider besseres Wissen zu Daten-Regimen an technologischen *environments* zu partizipieren und diese zu unterhalten?

Wird *Understanding Media* fünfzig Jahre nach seinem Erscheinen wieder betrachtet, dann fallen statt des Begriffes „Medien" und deren Analysen die von Medien als *environments* ins Auge. Dieser Topos erregt die Aufmerksamkeit, weil derzeit in der Medienwissenschaft u. a. unter dem Oberbegriff „Techno-Ökologie"[1] eine Priorisierung von technischen Umwelten vor Medien statt hat. Diese Umwelten zeigen sich in Gestalt geschichteter Infrastrukturen, die mit sogenannten smarten, eigentätigen Dingen durchsetzt sind.

McLuhan soll hier allerdings nicht als Vordenker dieser Wende zum Umweltlichen gefeiert werden. Vielmehr wird es darum gehen, McLuhans Medientheorie als Genealogie aktueller Überlegungen zu rekonstruieren und damit einen blinden Fleck der Medienwissenschaft zu markieren. Mit ihm bleibt ausgeblendet, dass Übersetzungen Konstituens von Medialität sind, sodass an die Stelle ersterer ein unmittelbares und auf ein psychedelisches Miteinanderschwingen fokussierendes mediales *be-in*[2] treten kann.

---

1   Der Begriff der „Techno-Ökologien" wurde in der deutschsprachigen Medienwissenschaft von Erich Hörl (2011) etabliert. Er soll hier für ein Modell medialer Vermittlung stehen, in dem der „Mensch" unhintergehbar in technische Umwelten verstrickt ist. Dieses Modell steht im Kontext des Aufkommens der technologischen Bedingungen des *ubiquitous computing* seit den 1990er Jahren.

2   Der Begriff *be-in* leitet sich von den Multimedia-Performances und Installationen der Künstlerkommune USCO ab (vgl. Turner 2006, 51f.). Fred Turner (2013, 289) beschreibt sie als „a new kind of gathering, simultaneously social and mystical, embodied, and transpersonal. They were to be completely themselves, and they were to dissolve

Der blinde Fleck geht auf McLuhan zurück, da er in *Under-*
standing Media eine Verkennung der informationstechnischen, d. h. auf Übersetzungen beruhenden, Konstitution
des Computers vornimmt, indem er ihn zu einem elektrischen Medium in einer ebensolchen Umwelt umdeutet
(vgl. z. B. McLuhan 1994, 160). Schützenhilfe erhält er dabei
von der Neo-Avantgarde der 1960er Jahre, die seine theoretischen Konstrukte in künstlerischen *environments* kon-
genial umsetzen (vgl. Leeker 2008; Turner 2006, 2013). Diese
Verkennung von Medialität nach einem Modell umstands-
loser Übertragung und das *be-in* können sich, so die These,
in aktuellen medien- und kulturwissenschaftlichen Diskursen und medialen Praktiken unbemerkt fortsetzen.

Dies stellt insofern eine Gefahr dar, als in einer Faszinationsgeschichte medialer Umwelten das Erkennen ihrer technologischen Konstitution und Wirkungen ausgeblendet wird
und damit Standorte der Kritik und Reflexion sowie die Einsicht in die Politiken und Ökonomien der Techno-Ökologien
verloren gehen. Könnte sich die Tatsache, dass heutzutage
und wider besseres Wissen z. B. über Data-Mining und
Profiling, unablässig Daten abgegeben werden, aus einer
geerbten Faszination für das mediale *be-in* erklären lassen?
Der Zustand der Faszination entspräche dabei einer Sucht
nach und Abhängigkeit von medialer Vereinnahmung, um
in Resonanz mit der technischen Umwelt und dadurch als
Selbst erst zu sein. Es wird herauszuarbeiten sein, dass es
dieses techno-ökologische *be-in* nicht a priori gibt, sondern
dass es diskursiv erzeugt wird, was die Chance mit sich
bringt, aus ihm auszusteigen.

into the universal human pool". Es gehe, so Turner weiter, darum „to
enter a state of ecstatic interconnection" (ebd. 1). In diesem Text steht
be-in von dieser Vor-Geschichte ausgehend für eine nicht bewusste,
blendende Verwobenheit mit technischen Umwelten, die kein Außen
mehr aufweisen.

McLuhans Elektro-Geschichten

Es ist von besonderer Bedeutung und Nachwirkung für aktuelle Medientheorie in Gestalt der Techno-Ökologien, dass McLuhan in *Understanding Media* den Computer vor allem als ein elektrisches Medium begreift. These ist, dass die Beschreibungen der infrastrukturellen Lage digitaler Kulturen insofern auf diese Priorisierung setzen, als sie das paradoxe Begehren nach einer a-medialen, auf Resonanzen mit technischen Umwelten setzenden Medialität fortführen, das von McLuhan und seinen künstlerischen Apologeten vorgegeben wurde.

McLuhan beschreibt in *Understanding Media* seine Sicht auf den Computer, wobei ihm sowohl bei der Einschätzung von dessen technischer Verfasstheit als auch bezogen auf die Geschichte der Elektrizitätsforschung Fehler unterlaufen. Es steht zu lesen:

> Nowadays, with computers and electric programming, the means of storing and moving information become less and less visual and mechanical, while increasingly integral and organic. The total field created by the instantaneous electric forms cannot be visualized any more than the velocities of electronic particles can be visualized. The instantaneous creates an interplay among time and space and human occupations for which the older forms of currency exchange become increasingly inadequate. ...Both time (as measured visually and segmentally) and space (as uniform, pictorial, and enclosed) disappear in the electronic age of instant information. (McLuhan 1994, 160)

McLuhan blendet hier erstens den Umstand aus, dass der Computer eine informationsverarbeitende Maschine ist. Er setzt vielmehr Elektrizität und Information gleich, was es ihm ermöglicht zu behaupten, dass mit dem neuen elektronischen Medium ein Feld instantaner Übertragung erschlossen würde. Übertragung aber verbraucht zum einen immer Zeit und kann deshalb nicht instantan sein (vgl.

Zum anderen handelt es sich beim Computer **119**
nicht, wie McLuhan behauptet, um ein elektronisches
Medium, auch wenn dieser mit der Schaltung elektrischer
Signale operiert. Vielmehr zeichnen sich der Computer,
ebenso wie die von ihm geregelten infrastrukturellen
Organisationsnetze in zeitgenössischen digitalen Kul-
turen, durch symbolische Operationen aus, wie Bernhard
Vief (1993) so treffend wie pointiert klarlegt, mithin durch
Übersetzungen.[3] Es wird dabei nichts Materielles über-
tragen, sondern Information.[4] Damit erzeugt nicht die
Übertragung die technischen und epistemologischen
Effekte des Computers, sondern vielmehr die Übersetzung
symbolischer Codierungen, in der Störungen z. B. nach
Shannons Modell der Redundanz von Information, immer
schon berücksichtigt sind und kompensiert werden sollen.
Das Problem, dass Störungen auftreten können, hat auch
die Übertragung. Da es bei dieser allerdings nicht um ein
Prozessieren von Daten, sondern vielmehr allein um deren
Transport geht, dürfte leichter sicherzustellen sein, dass
dieser verlustfrei verläuft. Das heißt, die von McLuhan
unternommene Elektrisierung des Computers und die damit

3   McLuhan befasst sich zwar in *Understanding Media* im
    sechsten Kapitel mit „Media as Translators." (McLuhan 1994, 56–61)
    Es gilt allerdings sein Verständnis von Übersetzung von dem z. B. der
    Shannon'schen Codierung zu unterscheiden. Der Unterschied besteht
    darin, dass McLuhan Übersetzung ganz im Sinne des elektrischen
    Signaltransports als eine problemlose *Übertragung* versteht, während
    digitale Codierungen auf Übersetzungen von verschiedenen Sym-
    bolsystemen, Operationen oder Materialitäten beruhen. McLuhans
    Verständnis und dessen Zielsetzung, nämlich eine Art medialer
    Unmittelbarkeit, zeigen sich prägnant, wenn er ausführt: „Our very
    word ‚grasp' or ‚apprehension' points to the process of getting at one
    thing through another, of handling and sensing many facets at a time
    through more than one sense at a time." (McLuhan 1994, 60)
4   Vief (1993, 15) formuliert: „Die Bits sind z. B. keine auditiven, visuellen
    oder taktilen Zeichen, sondern etwas völlig Abstraktes. Sie können
    zwar in eine lautliche oder visuelle Haut schlüpfen, aber es ist nicht
    das Wesen der Bits, dass sie hörbar oder sichtbar sind. ... Vielmehr
    liegt das Wesen der Bits darin, dass die verschiedenen Sinnesebenen
    ineinander verrechnet werden. Durch diese Verrechnung entsteht ein
    synästhetisches Wahrnehmungsfeld – kein ‚elektronischer', sondern
    ein digitaler Raum."

einhergehende Fokussierung auf Übertragung ermöglichen
es erst, eine unmittelbare Vermittlung in medialen
Umwelten anzunehmen und Mensch und Medium in einen
direkten Austausch, mithin ein elektrisches *be-in* zu bringen.

Eine weitere Einschätzung zeigt, dass für McLuhan die
Elektrisierung des Computers und darüber die Erzeugung
von medialer Unmittelbarkeit wichtig sind. Letztere sicherzustellen, steuert er eine überholte Sicht auf Elektrizität an.
So geht er in seinem Zitat zweitens über Entwicklungen in
der Elektrizitätsforschung hinweg (vgl. Sprenger 2012), nach
denen etwa Licht oder elektromagnetische Strahlungen
je nach Messung Wellen und Teilchen sein können. Diese
machen gelungene Übertragung und Partizipation zum
Ausnahmefall. McLuhan schließt dagegen im Kontext seiner
Bestimmung des Computers als elektrischem *environment*
an eine seit dem 19. Jahrhundert bestehende Tradition der
Erklärung von Fernwirkungen über Ätherwellen an, die mit
der Elektrizität auftauchten (vgl. Hagen 2001). In die Lücke
dessen, was physikalisch nicht erklärt werden konnte, in
Medien wie Telegrafen und Radio aber via elektrischer
Vorgänge dennoch zur Wirkung kam, wurden Ätherwellen
gesetzt. Über diese konnten dann auch Geister kommen
bzw. mit diesen kommuniziert werden (vgl. Hagen 2002b).
In der Physik nach 1900 verlor mit der Relativitätstheorie
sowie mit quantenmechanischen Modellen der Äther an
Bedeutung (ebd.).[5] Diese Entwicklungen brachten allerdings
zugleich eine tiefe Verunsicherung über den Platz des
Menschen im technischen und physikalischen Universum
sowie die Androhung mit sich, dass z. B. die Übertragung
von Nachrichten nicht mehr gänzlich kontrolliert werden
könne (vgl. Hagen 2002a). Da eine ähnliche Situation mit
dem Aufkommen des Computers entsteht, der ob seiner
informations-mathematischen Regelung durch Übersetzungen statt Übertragungen bestimmt ist, dürfte McLuhan
auf das elektrische Erklärungsmodell der instantanen, auf

---

5   Gleichwohl spielt auch in den Erklärungsmodellen Einsteins die Äther-
     these weiterhin eine Rolle (vgl. Hug und Kassung 2008).

Materiellem beruhenden Übertragung in der an Ätherwellen orientierten Physik ausweichen. Ziel dürfte es sein, im Kontext computerisierter Elektrizität hinter jegliche mediale Vermittlung zurückzugehen.

Zwar unternahm Norbert Wiener (1954) im Zuge der Kybernetisierung den Versuch, auch den Menschen zu einer informationsverarbeitenden Maschine zu machen. Dieses Modell scheint aber mit Blick auf McLuhan und seine Nachfolger keine ausreichende Schlagkraft zu haben, um Mensch und Technik weiterhin aufeinander zu beziehen. Die Durchsetzung kybernetischer, selbst organisierter großer Systeme im *systems engineering*, Vorläufer heutiger Infrastrukturen, tut ein Übriges, wenn sie über negatives Feedback in der Ferne und unabhängig von menschlichen Agenten operieren und wirken können (vgl. Mindell 2002). Wenn McLuhan also diese informationstechnischen Neuerungen und deren Effekte in ein elektrisches, materielles und resonantes Universum umdeutet, dann könnte dies ein medientheoretisch fundierter Gegenangriff auf die Epistemologie der Informationstheorie sein, um tradierte Vorstellungen vom Menschen sowie von Kontrolle zu retten. Medientheorie hätte hier also weniger mit der Analyse als vielmehr mit der Verdeckung einer technologischen Lage zu tun. Medientheorie nach McLuhan zu betreiben hieße vor diesem Hintergrund dann, zunächst diese problematische Konstitution und ihre Auswirkungen zu analysieren.

Ein weiterer Effekt der Elektrisierung ist wichtig. Mit seiner These, dass im *electric age* das auf Elektrizität beruhende Nervensystem des Menschen in die ebenso konstituierte mediale Umwelt veräußert würde, erzeugt McLuhan einen gravierenden Widerspruch. Dessen Grundlage ist das für McLuhans Medientheorie konstitutive Doppelpack von „Veräußerlichung" und „Betäubung", nach dem veräußerlichte bzw. in einer medialen Umwelt nicht mehr gebrauchte Sinnesorgane auch immer betäubt oder amputiert würden. Im elektrischen Zeitalter ginge es um die Veräußerlichung des gesamten Nervensystems, das den elektrischen Umwelten analog sei. McLuhan schreibt:

> The principle of numbness comes into play with electric technology, as with any other. We have to numb our central nervous system when it is extended and exposed, or we will die. Thus, the age of anxiety and of electric media is also the age of the unconscious and of apathy. (McLuhan 1994, 69)

Die Rettung naht in der Schlaufe, die McLuhan einlegt. Denn wird nun das gesamte elektrische System veräußerlicht, kommt es nach McLuhan nicht zu einer umfassenden Betäubung, sondern vielmehr zum ersten Mal in der Mediengeschichte des Menschen zu einer umfänglichen Bewusstwerdung:

> But it is strikingly the age of consciousness of the unconscious, in addition. With our central nervous system strategically numbed, the tasks of conscious awareness and order are transferred to the physical life of man, so that for the first time he has become aware of technology as an extension of his physical body. Apparently this could not have happened before the electric age gave us the means of instant, total field-awareness. (Ebd., 69)

Die „total field-awareness" als Modell von Erkenntnis in elektrischen Umwelten hebt diese allerdings da auf, wo ihr Abstand und ein Außen verloren gehen.

Es wird sich zeigen, dass genau an diese, in ihren Widersprüchen letztlich nicht auflösbare Konstruktion in den 1960er Jahren Künstler anschlossen, die McLuhans Theorie aufnahmen und in *environments* umsetzten. Ihr Ziel war es, den lebenserhaltenden Vorgang der Ent-Betäubung zu ermöglichen, was allerdings in einer erneuten Betäubung mündete.

Environment und *Anti-Environment*

Mit der Extension des gesamten elektrischen Apparates ins elektrifizierte *environment* wird die Umstellung von einer Theorie der Medien auf die medialer Umwelten unerlässlich, denn die „total field-awareness" kann aus der Analyse von Einzelmedien nicht mehr erklärt werden.[6] Die Lösung liegt für McLuhan im Erklärungsmodell der „media as environment", mit dem die Effekte von Medien mit deren Gestaltung von Umwelten in eins fallen.

McLuhan entwickelt nun einmal mehr ein widersprüchliches Gedankenmodell, mit dem Medientheorie letztlich in eine A-Medialität driftet, die zugleich einer Turbo-Medialität entspricht. Denn im Modell der Medien als *environment* konstituiert sich dieses jeweils aus älteren Medien und die neuen Medien und medialen Umgebungen machen das von ihnen Ergriffene zu ihrem Inhalt und dabei zu einer Kunstform. Das heißt, der medialen Umwelt ist nicht mehr zu entwischen, da ein Medium immer in einem anderen Medium ist und damit das *environment* für ein neues Medium bildet und jeweils als Hintergrund für neue Figuren sorgt: Eine mediale Verkettung entsteht. So schreibt McLuhan im September 1964 im Aufsatz „New Media and the Arts", in dem er aus seiner Sicht die Thesen aus *Understanding Media* noch einmal zuspitzt:

> Tools, script, as much as wheel or photograph or Telstar, create a new environment, a new matrix for the existing technologies. The older technologies, the older environment, become the content of the new environmental technology. Technologies, as they tend to create total environmental change, could plausibly be regarded as archetypal. Telstar creates a new

6   McLuhan bringt sich durch die Logik seiner medientheoretischen Argumentation in eine vergleichbare Lage wie die Vertreter aktueller techno-ökologischer Theorien: Wo Einzelmedien verschwinden, muss eine umweltliche Medientheorie einspringen. Dabei ist festzuhalten, dass der Schwenk zum *environment* nicht nur technologisch induziert, sondern auch eine Erfindung ist.

environment for our planet even as the planet itself becomes the content of Telstar. Whatever becomes the content of a new environment tends to become processed and patterned into an art form. (McLuhan 1964, 239)

Auf Grund dieser Schichtungen gibt es kein Entkommen mehr aus dem Medialen. Das *environment* verliert sein Außen, da es immer nur sein eigenes Außen sein kann. Effekt dieser Verkoppelbarkeit und Übertragbarkeit ist, dass das Mediale sich über alles ausdehnt und z. B. ein technisches Medium, das die bestehenden Grenzen des bisher medial Erfassten überwindet – bei McLuhan der Satellit Telstar –, nur ein weiterer Punkt für ein überwindbares Außen ist. Das *environment* wird somit grenzenlos, und man ist zugleich auf dieses als ein Artefakt, mithin als etwas technologisch Konstituiertes und beliebig Gestaltbares, zurückgeworfen.

Doch dieses *be-in* ist für McLuhan zugleich Einfallstor von Erkenntnis, wenn er schreibt: „Perhaps this is another way of confronting the existential, because to deal with the environmental as artefact is to move that which has long been unconscious onto the plane of knowing" (ebd., 240). Agenten dieses Wissens im Artefaktischen sind Künstler, die *anti-environments* schaffen, dabei nunmehr allerdings direkt mit der Umwelt und nicht mehr nur mit Medien umgehen, so McLuhan: „For centuries our artists have offered artefacts as a means of creating new vision and new awareness. ... Electric technology offers, perhaps for the first time, a means of dealing with the environment itself as a direct instrument of vision and knowing" (ebd., 240). McLuhan, so lässt sich zusammenfassen, erzeugt mit seinen Paradoxien eine missliche Lage. Effekt dieses Modells der Verumweltlichung der Medien ist nämlich, dass man „in" den medialen Umwelten ist und in und mit ihnen operiert. In diesem Denkmodell werden im elektrischen Zeitalter, in dem *environment* und *anti-environment*, Umwelt und Artefakt zusammenfallen, Wahrnehmung und Bewusstsein

sowie die Umwelt selbst zu einer gestaltbaren Masse. So
geschah es dann durch die Projekte der Neo-Avantgarde
der 1960er Jahre, deren Macher sich dazu berufen fühlten,
McLuhans Visionen in die Tat umzusetzen. Sie schufen dabei
environments, die den Verlust des Außen konsolidieren und
den Menschen psychedelischen Bewusstseinsmassagen in
be-ins aussetzen sollten. So wurden die Zeitgenossen ins
elektrifizierte 20. Jahrhundert geschleudert, das im Verbund
von Medientheorie und Medienkunst zu einer Drogen- und
Techno-Okkult-Feier wurde.

Künstler machen McLuhans *Environment*: USCO und „9 Evenings"

Da die Künstler integraler und spezifizierender Bestandteil
McLuhan'scher, elektrifizierter Medialität sind und diese mit
erzeugen, ist ihr Beitrag zu einer Genealogie des Umwelt-
Werdens von Medien zu rekonstruieren, könnte dieses sich
doch in den aktuellen techno-ökologischen *environments*
fortsetzen. Aus den unterschiedlichen Facetten des elektrischen, resonanten *be-in*, das die Künstler schufen, sowie
den Methoden, dieses zu erreichen, stechen nun auf der
einen Seite die den Eindruck psychedelischer Drogen nach-
empfindenden Multimediashows der *Us Company* (USCO) um
Gerd Stern heraus (vgl. Oren 2010). Auf der anderen Seite
bringen die Künstler der *9 Evenings: Theatre and Engineering*,[7]
die auf Initiative von Billy Klüver und Robert Rauschenberg stattfanden, ein spiritistisches *systems engineering*
ein (vgl. Leeker 2008). Diese beiden Richtungen stehen für
divergente, aber doch zusammenspielende Konzepte der
Verumweltlichung von Medien im Dunstkreis McLuhans.
Bei USCO geht es um „immersive environments of total
surround", so Michelle Kuo (zit. nach Oren 2010, 90). Bei
den „9 Evenings" steht die Herstellung eines *environments*
problemloser Signalübertragung im Vordergrund (vgl.
Leeker 2008). Damit leisten die Künstler einen Beitrag zum

---

7   Siehe zu den „9 Evenings" Bonin (2006a).

kompensierenden Umgang mit dem sich durchsetzenden *systems engineering* in den 1960er Jahren, indem sie dieses kurzerhand zum menschlichen und resonanten Partizipationsenvironment umgestalten.

McLuhan wird für USCO und ihre künstlerische Arbeit zur Erleuchtung, nachdem deren Begründer Gerd Stern Anfang der 1960er Jahre eine Kopie von McLuhans *Report on Project in Understanding New Media* (McLuhan 1960), der als Vorläufer von *Understanding Media* gilt und für die National Association of Educational Broadcasters (NAEB) verfasst wurde, erhalten und in der Szene verbreitet hatte (vgl. Stern 2001). Der Dichter und Maler Stern und seine Mitstreiter, der Maler Steve Durkee sowie der Ingenieur Michael Callahan, sahen drei zentrale Punkte in McLuhans Gedankenmodell, die sie umsetzen wollten: Erstens sollten Medien bezogen auf ihre Effekte, statt auf ihre Inhalte genutzt werden. Zweitens galt es, alle Teile des Bewusstseins und der Sinnestätigkeit zu erschließen, die nach McLuhan im elektrischen Zeitalter in die technische Umwelt ausgelagert und deshalb im höchsten Maße angeregt wären. Schließlich inspirierte sie drittens, dass es im elektrischen *environment* keine Fixpunkte mehr gäbe (vgl. Junker 1965).

Um diese Erkenntnisse in einem entsprechenden *environment* sinnlich umzusetzen, sahen die Künstler Drogenerfahrungen als geeignet an, da die mit ihnen verbundenen, oft halluzinatorischen Wahrnehmungen das Bewusstsein erweitern würden. Die Erlebnisse, die sie selbst beim Drogenkonsum machten, sollten in ihren psychedelischen medialen Inszenierungen erzeugt werden. Mit Stroboskoplicht, mit Projektionen von Filmen, Fotos und Wortspielen auf multiperspektivisch angeordneten Leinwänden sowie mit einhüllender Dröhnmusik *(drone music)* sollte ein Trainings-Environment für McLuhans „elektrisches Zeitalter" entstehen.[8] Zusammengefasst aus

---

8   Die *environments* und Events von USCO wurden vor allem zwischen 1962 und 1966 auf verschiedenen Reisen zwischen der Ost- und West-küste der USA in Museen, Universitäten oder Colleges oder aber in

dem Magazin *Life* vom September 1966 liest sich die USCO-
Ästhetik wie folgt:

> Amid throbbing lights, dizzying designs, swirling
> smells, swelling sounds, the world of art is „turning
> on". It is getting hooked on psychedelic art, the latest,
> liveliest movement to seethe up from the under-
> ground. Its bizarre amalgam of painting, sculpture,
> photography, electronics and engineering is aimed
> at inducing the hallucinatory effects and intensified
> perceptions that LSD, marijuana and other psychedelic
> (or mind-expanding) drugs produce – but without
> requiring the spectator to take drugs. [Viewers] ...
> become disoriented from their normal time sense and
> preoccupations and are lifted into a state of heightened
> consciousness. In effect, the art may send them on a
> kind of drugless ‚trip'. (o. A. 1966, 61)

Mit ihren Überlegungen und Methoden standen USCO
keineswegs allein. Vielmehr können die folgenden Zeilen
aus dem *Playboy*-Interview mit McLuhan aus dem Jahr 1969
ebenso als eine Beschreibung einer USCO-Show gelesen
werden, wie als Ratgeber für den alltäglichen Medien-Psy-
chedelismus. Halluzinogene Drogen sind für McLuhan das
beste Mittel, um sich an das elektrische *environment* anzupassen, und dies aus dem einfachen Grund, weil dessen
wichtigstes Medium, das Fernsehen, selbst wie LSD wirke
und als solches eine tribalisierende Wirkung habe. Kein
Wunder also, wenn die Subkultur zu Drogen greifen und in
Kommunen leben würde. Medien-Dasein wird für McLuhan
mithin zum Drogenrausch.

> The upsurge in drug taking is intimately related to the
> impact of the electric media. Look at the metaphor
> for getting high: turning on. One turns on his cons-
> ciousness through drugs just as he opens up all his
> senses to a total depth involvement by turning on the

Discos präsentiert. Bei einigen Events spielte McLuhan selbst eine
performative Rolle, indem er zu seinen Theorien vortrug (vgl. Turner
2008); siehe zudem Stern (2001).

TV dial. Drug taking is stimulated by today's pervasive environment of instant information, with its feedback mechanism of the inner trip. The inner trip is not the sole prerogative of the LSD traveler; it's the universal experience of TV watchers. LSD is a way of miming the invisible electronic world; it releases a person from acquired verbal and visual habits and reactions, and gives the potential of instant and total involvement, both all-at-onceness and all-at-oneness, which are the basic needs of people translated by electric extensions of their central nervous systems out of the old rational, sequential value system. The attraction to hallucinogenic drugs is a means of achieving empathy with our penetrating electric environment, an environment that in itself is a drugless inner trip. ... LSD and related hallucinogenic drugs, furthermore, breed a highly tribal and communally oriented subculture, so it's understandable why the retribalized young take to drugs like a duck to water. (McLuhan und Norden 1969, 66)

Getreu der Ausführungen McLuhans zur Tribalisierung lebten USCO in einer Kommune in einer alten Kirche in Granville im Staate New York, die ihnen als Rückzugsort und Produktionsstätte diente.

Von besonderem Interesse in der Arbeit von USCO ist nun ihr Changieren zwischen immersiver Vereinnahmung ins mediale *environment* und Medienreflexion, mithin zwischen unvermitteltem *be-in* und der Betonung von Medialität und kritischer Distanz. Damit schließen sie direkt an McLuhans widersprüchliches Konstrukt vom unmittelbaren und zugleich reflektierten Sein im elektrischen Medien-zeitalter an. Michel Oren (2010, 93–94) betont, dass der mediale „overload", der die Arbeit in den ersten Jahren prägte, abgelöst wurde durch eine zunehmend spirituelle und mystische Ausrichtung. An die Stelle der psychede-lischen und medialen Überwältigung und des Einlullens trat eine Ästhetik der Kontemplation. Hintergrund dafür

war die verstärkte Orientierung von USCO an fernöst-
lichen Religionen und deren Praktiken wie Meditation und
Gesängen. Stern führt aus: „[I]t's easy to overload people;
but it's hard to bring them down to the point where they'll
leave the theatre peacefully" (zit. nach Kostelanetz 1968,
266). Dabei gerieten USCO in den unlösbaren Widerspruch,
den Kunst mit Medien in Umsetzung der Lehre McLuhans
von diesem erbt. Auf der einen Seite wollten sie „to use
media to create an unmediated effect" (Oren 2010, 79). Auf
der anderen Seite war es ihr Ziel, so Stern, McLuhan para-
phrasierend, „[to] exploit the media instead of having them
to exploit you" (zit. nach ebd., 94). Effekt dieses Changierens
zwischen A-Medialität und Vermittlung ist, dass Unmittelbarkeit, Totalität und Heimeligkeit an die Stelle von Einsicht
und Reflexion treten.

Abschließend gilt es zuzuspitzen, an welchem Aspekt
der Verumweltlichung von Medien USCO in ihren Events
arbeiteten. Es ist diskutiert worden, ob sie kybernetische
Systeme der Selbstorganisation schufen, was Oren (ebd.,
90f.) sehr zu Recht verneint. Hinweis dafür ist etwa, dass die
von ihnen genutzten Geräte nicht auf Feedback ausgelegt
waren (ebd., 90), was Grundlage für Systeme wäre, sondern
dazu dienten, mehrere Quellen simultan projizieren und
steuern zu können. Zeichnungen zu den Räumen der Events
zeigen zudem, dass nach innen zentrierte und nach außen
abgedichtete *environments* hergestellt wurden.[9] USCO
schufen mithin regelrechte Milieus (Sprenger 2014), d. h.
Orte ohne Außen, in denen man in der Tat wie in einer
Petrischale auf Gedeih und Verderb den je erscheinenden
Effekten ausgeliefert war und weder Abstand noch Reflexion
herstellen konnte.

Diese Präzisierung ist wichtig, um die doppelte Gliederung
der Verumweltlichung von Medien in den 1960er Jahren zu
verstehen und die Tradierung dieser Bedingung in aktuelle
Techno-Ökologien sowie die Wirkung dieser Kontinuität

9   Siehe zu technischen Geräten sowie zu Raumskizzen die
      Internetdokumentation von USCO (2017).

auszumachen. Die eine Seite der medialen *environments* entspricht dem drogen-psychedelischen McLuhanismus in abgeschlossenen Milieus à la USCO. Die auf Bewusst-sein und Kontemplation bezogene Inszenierung ist dabei kein Widerspruch zur Immersion. Vielmehr findet gerade durch die Verbindung der beiden Sphären eine umfäng-liche mediale Massage statt, da die psychedelische Über-wältigung mit Spiritualität unterfüttert und damit gleichsam weltanschaulich und medienkritisch aufgeladen wird. Auf diese Weise werden Kulturkritik und Medien-Drogenrausch in eins gesetzt.[10]

Die zweite Variante, mit der Medien als *environments* aus-buchstabiert werden, wurde in den 1960er Jahren in der Gefolgschaft McLuhans in den *9 Evenings: Theatre and Engineering* entwickelt.[11] Sie kamen im Herbst 1966 auf Initiative von Billy Klüver, einem Ingenieur bei den ame-rikanischen Bell Telephone Laboratories, federführend im *systems engineering* (siehe Fagen 1975; Gertner 2012; Leeker 2012a), und des Künstlers Robert Rauschenberg im Armory, einer riesigen Militärhalle in New York, zur Aufführung.[12] Mit diesen Performances wurde ein signifikanter Bruch mit tradierten Vorstellungen von Kunst und Performance sowie zum Verhältnis von Mensch und Technik vollzogen. Im Kontext des Aufkommens und der Durchsetzung von technischen Systemen wie z. B. Telekommunikation, Ver-kehr, Gesundheitsversorgung, militärische Abwehr oder Elektrizität standen auch in der Kunst nicht länger Werke im Zentrum, sondern gemäß des Kunstwissenschaft-lers Jack Burnham (1968) eine „Systems Esthetics". In den sich selbst organisierenden künstlerischen wie auch

10 Vgl. zur politischen und kulturellen Produktivität der Neo-Avantgarden auch Turner (2013, 284–289).

11 Vgl. einführend Morris (2006). Zu den Performances siehe Bonin (2006a) sowie Bardiot (2006). Zur kritischen Haltung von Billy Klüver gegenüber McLuhan vgl. Lacerte (2005). Zum Verhältnis von McLuhan und John Cage siehe Molinaro (1987).

12 Aus diesem Event entstanden als Teil der in den 1960er und 1970er Jahren aktiven Bewegung „Art and Technology" die „Experiments in Art and Technology (E.A.T.)". Vgl. Goodyear (2004).

technischen Systemen werden menschliche Agenten dabei
zum integralen Bestandteil, denn, so Burnham (1969, 195):
„[S]cientists have formulated a methodology which permits them to assemble vast numbers of components into
coherent, functioning programs." In diesem Kontext wurde
in den Versuchen der *crème de la crème* der amerikanischen
Neo-Avantgarde – beteiligt waren u. a. die Komponisten
John Cage und David Tudor sowie die Begründer_innen
des zeitgenössischen Tanzes Alex Hay, Yvonne Rainer und
Deborah Hay – mit mindestens 30 Ingenieuren der Bell Labs
ein System zum Transport und zur Steuerung von Signalen
entworfen und umgesetzt. In diesem System konnten z. B.
Manifestationen der Körper der Akteure oder der Dinge
Licht oder Sound beeinflussen oder visuelle Effekte steuern.
Entscheidend sind in diesem Schaffen nun drei Aspekte:
Mit der Verräumlichung von Medien wurde nicht nur der
Computer, sondern gleich das gesamte *systems engineering*
von informationstechnisch-kybernetischen Steuerungen
auf elektrische *environments* umgestellt, deren kleinster
gemeinsamer Nenner statt Information elektrische Signale
waren. Mit dieser Umdeutung gelang es den Künstler_innen
auch, in die vermeintliche Selbstkomposition der Dinge
und Selbstorganisation der Systeme Kontrolle durch ein
Subjekt einzuziehen. Schließlich erfolgte in den Systemen
der Künstler_innen deren spiritistisch-okkulte[13] Aufladung. Durch diese wurde *systems engineering*, was heute
Infrastrukturen heißt, zu einem resonanten und an einer
höheren Ordnung partizipierenden *environment*, in dem
der Mensch integraler Bestandteil ist. Als solcher kann er

13   Florian Sprenger (2015) legt eine Wissens- und Wissenschaftsgeschichte des Okkulten vor. Demnach wäre zwischen dem Okkulten
als dem Unsichtbaren und als dem Unerklärbaren zu unterscheiden.
Die Wende hin zu einer Metaphysik würde dann vollzogen, wenn
das Unsichtbare sichtbar, aber gleichwohl zum Unerklärbaren wird,
wie im Kontext neuer optischer oder akustischer Medien im 19. Jahrhundert. Sie rufen auch spiritistische Modelle auf den Plan, die mit
der Existenz von Geistern und Äther als Gründe für Fernwirkungen
argumentieren.

gar regulieren und verliert sich doch zugleich als kritische Instanz in der Faszination am gemeinsamen Schwingen.

Symptomatisch für die Umdeutung der informations-technisch gesteuerten Systeme zu einem elektrischen *environment* mit okkulten Aufladungen ist die Arbeit *Bandoneon! (a combine)*[14] von David Tudor, einem führenden Vertreter der elektroakustischen Musik (siehe Leeker und Steppat 2015). In diesem Werk sollte mit der Übertragung von Signalen eine Selbstkomposition der Geräte bezogen auf Klang und Bild erzeugt werden. Gemeinsam mit dem Künstler bauten die Ingenieure hierzu – ganz entgegen ihrer gewohnten, informationstechnisch fundierten Arbeit bei den Bell Labs – ein analoges, elektrisch-leitendes *environment*. Generator des Leit- und Modulationssystems elektrischer Signale waren die Schwingungen der Stimm-zungen im Bandoneon (vgl. Bonin 2006b). Diese wurden abgenommen, über Mikrofone in elektrische Signale ver-wandelt, verstärkt und anschließend an Ausgabegeräte wie u. a. einen Videoprojektor weitergeleitet. Es ent-stand der Eindruck eines sich wie von Zauberhand selbst organisierenden, akustisch-visuellen *environments*. Dabei wurde zudem das in den Bell Labs praktizierte negative Feedback zugunsten von (positiven) Rückkopplungen aus-geblendet. Diese realisierten sich mit Hilfe ferngesteuerter „carts" (vgl. ebd.), die Klangskulpturen und Lautsprecher im Raum transportierten. Kamen nun die Resonanzkörper und Mikrofone auf den „carts" zu nahe an die im Raum fixierten Klangkörper und Lautsprecher heran, entstanden Phasenverschiebungen und Interferenzen zwischen den Klangschwingungen und damit positives Feedback. Im inszenierten Zusammenspiel von Klang und Videobild wurde mithin eine instantane und störungs- und verlustfreie, elek-trische und elektrisierende Übertragbarkeit imaginiert.

Die zweite Umdeutung, welche die Künstler am medialen *environment* vornahmen, ergibt sich bei Tudor, wenn er der Unkontrollierbarkeit der Effekte der sich bewegenden

14 Siehe Bonin (2006c) und Bardiot (2006).

Geräte eine von ihm selbst ausgeübte Kontrolle[15] entgegensetzte und damit ein autonomes Handlungssubjekt erzeugte. Tudor war nämlich mit einem technischen Gerät ausgestattet, mit dem er als ein Außen des Systems agieren konnte. Hatte der Ingenieur Bob Kieronski das *Vochrome*[16] als Medium der Klangsynthese entwickelt, d. h. zur selbsttätigen, instrumentierenden Begleitung der menschlichen Stimme, wurde es für Tudor zu einem riesigen Schalter umfunktioniert. Tudor nutzte das Gerät also, um den Output der Rückkopplungen zu unterbrechen.

Von besonderem Interesse ist schließlich drittens, welche Art des *be-in* mit Tudor in den 9 *Evenings* im Vergleich zu USCO erzeugt wurde. Diese klärt sich, wenn in Betracht gezogen wird, dass Tudor nachweislich Leser von Rudolf Steiner war und seit 1957 Mitglied der anthroposophischen Gesellschaft.[17] Wenn Tudor die Selbstkomposition der Geräte unterbrach, um dem Nachhall im Armory (dem Aufführungsort der Performancereihe) Raum zu lassen,[18] dann ging es ihm um das Evident-Machen eines sphärischen Klanges. Tudor dürfte nämlich Rudolf Steiners „Klangäther" im Sinn gehabt haben, diesen Träger einer von Steiner

15 Auch Yvonne Rainer operierte im Gegensatz zum selbst organisierten, mithin von Nutzern unabhängigen Funktionieren technischer Systeme in *Carriage Discreteness* mit der Option menschlicher Kontrolle. Denn sie dirigierte die Tänzer_innen sowie eine „program drum", mit der elektronische Geräte in Betrieb gesetzt und Licht, Ton, Filme oder Tonbandaufzeichnungen mit Dialogen und Monologen ausgelöst wurden, über Walkie-Talkie (siehe Bonin 2006d und vgl. Leeker 2013).

16 Aus dem Prototypen eines Analog-Digital-Wandlers, mit dem Signale des menschlichen Akteurs durch die Digitalisierung erfasst und selbsttätig verarbeitet werden konnten, wurde so eine von Tudor bedienbare, gleichsam instrumentelle Kontrollinstanz (vgl. Kieronski o. J. sowie Bonin 2006b).

17 Bei einem Besuch in Tudors Haus verweigert dieser Lowell Cross, seinem Partner für die Visuals in *Bandoneon! (a combine)*, den Zutritt zu seinem Zimmer. Daraufhin vermutete Cross (2001), dass Tudor Schriften von Madame Blavatsky, der Begründerin der Theosophischen Gesellschaft, vor ihm verbergen wollte.

18 Das Armory hatte einen großen Halleffekt, sodass ein langer Nachklang von akustischen Ereignissen entstand. Diesen suchten andere Künstler_innen zu vermeiden, Tudor aber nutzte ihn für sein Projekt.

angenommenen „Sphärenharmonie" als Ausdruck des Zusammenwirkens chemischer Kräfte, das sich im Ton manifestieren kann. Bei Tudor weitet sich dieser Äther im hergestellten Eigenklang der elektrischen Geräte und technischen Umwelten zu einem Techno-Äther aus, denn die technologischen Dinge werden nun zu Medien des Sphärischen bzw. zu dessen integralem Bestandteil.[19] Im elektromagnetischen Leitungs- und Modulationsraum des technisch gestützten Äthers entstanden so die Visionen des Künstlers zur Verkopplung von Mensch und Technik als Faszinationsgeschichte medialer Vermittlung mit spiritistischen Reminiszenzen. Diese schließt an vom Äther durchtränkte elektrische Mediengeschichten an (siehe Hagen 1999; Hahn und Schüttpelz 2009), die „wärmer" und gewohnter sind als die Eiseskälte des codierten Signaltransportes über Information bei den Ingenieuren der Bell Labs. So gelangten in die Theorie und Praxis des *systems enginee-ring* Spuren eines Techno-Spiritismus, die es bei der Analyse von Bindungen zwischen Mensch und Technik in Techno-Ökologien als zentrale Diskurse zur Konstitution digitaler Kulturen zu beachten gilt.

Wie schon beim medientechnisch induzierten Drogen-konsum und der daraus folgenden psychedelischen Ästhetik stehen die Künstler der *9 Evenings* mit ihren okkulten Tendenzen nicht ohne ihren medientheoretischen Gewährs-mann da. So erläuterte McLuhan dem Playboy:

> PLAYBOY: Are you talking about global telepathy?
> MCLUHAN: Precisely. … If a data feedback is possible through the computer, why not a feed-forward of

---

19   Im Nachlass der „David Tudors Papers" im Getty Research Institute (Special Collections, Series VII, Boxes 101, 106, 107) befinden sich Unmengen an Heften der Anthroposophical Society in America, Kopien aus Schriften von Rudolf Steiner sowie Exzerpte von spiritistischen Kerngedanken. Diese setzt Tudor u. a. in Notizbücher aus den 1960er Jahren in Bezug zu einem Klangsystem des Ätherischen in seiner Arbeit. Die umfängliche Auswertung dieses Archivmaterials wird in den nächsten Monaten von der Autorin vorgenommen.

thought [?] … This is the real use of the computer, not to expedite marketing or solve technical problems but to speed the process of discovery and orchestrate terrestrial – and eventually galactic – environments and energies. (McLuhan und Norden 1969, 72)

Und an anderer Stelle im selben Interview führte er aus: „As such, the new society will be one mythic integration, a resonating world akin to the old tribal echo chamber where magic will live again: a world of ESP [Extra-sensory perception, M.L.]. The current interest of youth in astrology, clairvoyance and the occult is no coincidence" (ebd.).

In den 1960er Jahren werden mithin zwei Ausprägungen medialer *environments* vorgelegt und damit zwei Weisen, mit der sich verselbständigenden kybernetischen technologischen Bedingung im Computer und im *systems engineering* umzugehen. USCO schaffen immersive Milieus psychedelischer Massagen, welche die Menschen auf den Stand des elektrisierten *be-in* bringen. Die *9 Evenings* halluzinieren dagegen ein Environment elektrischer Übertragung, in dem alles mit allem schwingt, Menschen aber gleichwohl eine Position der Kontrolle und ein Außenblick zugestanden werden. Zugleich sind sie aufgehoben in den höheren Regionen und Ordnungen sphärischer Klänge. Damit ist man zwar nicht wie bei USCO in einem Milieu eingepfercht, ist aber auch hier mit einem Verlust des Außen konfrontiert. Jack Burnham vermerkt Ende der 1960er Jahre, bezogen auf heutige Diskurse zu Infrastrukturen äußerst weitsichtig:

The notion that art can be separated from its everyday environment is a cultural fixation, as is the ideal of objectivity in science. It may be that the computer will negate the need for such an illusion by fusing both, the observer and the observed, „inside" and „outside". (Burnham 1970, 103)

Damit entsteht aus den unterschiedlichen Systemen ein großes Ganzes, in das der Mensch unauflösbar verwoben ist.

Der Mehrwert der beiden Ausformulierungen von Medien als *environments* ist, dass Medien und Systeme, die des Menschen nicht zwingend bedürfen, mit Hilfe der elektrischen Umdeutungen an den Menschen zurückgebunden werden. Es steht in Frage, ob aktuelle Medientheorien, welche die zeitgenössische Lage zu beschreiben versuchen, nicht unwissentlich auf diese Modelle und Praktiken zurückgreifen.

Psytrance und *Digital Natives*

Von der Medienwissenschaft bisher nicht wahrgenommen, ist seit den 1990er Jahren[20] auf der Basis der infrastrukturellen technologischen Bedingungen digitaler Kulturen eine Subkultur entstanden, die die psychedelische Seite von „Understanding Media" fortsetzen. Hier tauchen die psychedelischen Verfahrensweisen sowie die Spuren okkulter Traditionen aus den beiden künstlerischen Strömungen im Umgang mit dem *systems engineering* in den 1960er Jahren wieder auf und werden in einer neuen Konfiguration zusammengeführt. Es geht um Psytrance (siehe St John 2010a; 2012; 2013), die sich als Tanz-, Musik- und Lebenskultur geriert. Partys und Festivals, Musik und Visuals, Kleidung und Diskurs der *digital natives* haben über die Goa-Subkultur in den 1960er Jahren das Erbe der psychedelischen *counterculture* angetreten (vgl. Ryan 2010). Ziel ist es, sich in den Zustand einer auf Dauer gestellten Grenz- und Schwellenerfahrung zu begeben und den tribalen „Vibe" zu finden (vgl. St John 2008; 2015,

---

20 Als technologischer und konzeptueller sowie diskursiver Ausgangspunkt der zeitgenössischen Infrastrukturen, die sich durch ihr Interesse an menschlichen Daten auszeichnen, siehe Weiser (1991, 94): „Specialized elements of hardware and software, connected by wires, radio waves and infrared, will be so ubiquitous that no one will notice their presence."

244), einen Zustand der Transzendenz im Miteinander,
oft unter Drogeneinfluss. So sondern sich nicht nur junge
Erwachsene aus dem alltäglichen Leben ab und versuchen,
so Graham St John, in einen Zustand „of the extension of
‚youthful' sensibilities into adulthood" (St John 2015, 255)
zu gelangen. Diese Festivalkultur ist wie die Versuche der
Neo-Avantgarde in den 1960er Jahren technologisch bedingt
und nutzt technische Möglichkeiten. Heutzutage sind es
die sozialen Netzwerke, über die sich die Veranstaltungen
organisieren und die eine globale Verteilung herstellen
(vgl. ebd.). Auf dieser Grundlage folgen die Events einem
politischen und kulturkritischen Impuls. Es geht in Psytrance
darum, andere Bewusstseinszustände zu erreichen, um
einer turbokapitalistischen, neoliberalen und hochtech-
nisierten Gesellschaft Werte wie Gemeinschaft, Liebe und
Unterstützung entgegenzusetzen (vgl. St John 2009). Um
diese Zustände zu erreichen, werden technische Möglichkeiten eingesetzt, die an die Arbeiten von USCO gemahnen.
So dominiert monotone Dröhnmusik, die über Sampling
und Synthesizer hergestellt wird. Die Orte, an denen die
Festivals stattfinden, sind u. a. mit bunten Dekos im Stil
psychedelischer Kunst der 1960er Jahre ausgestaltet, zu
denen sich gleich einer kunterbunt-phosphoreszierenden
Kinder-Zauberwelt mystische Figuren gesellen und Licht-
spiele die Sinne vereinnahmen und irritieren. Es entsteht ein
immersives *environment*, das allerdings anders als bei USCO
nicht mehr auf einen Ort beschränkt ist, sondern global
über diverse Kanäle vermittelt wird, etwa, wenn Erlebnisse
und Events über die Infrastrukturen sozialer Netzwerke ver-
teilt werden. All diese Events künden letztlich von der Vision
einer dauerhaften Freizeitgesellschaft (St John 2015).

Es soll hier nicht darum gehen, eine soziologische oder
eine religionstheoretische Studie anzustellen (siehe etwa
Gauthier 2004). Vielmehr ist es aus medienhistorischer
Sicht von Interesse, dass sich mit Psytrance eine Traditions-
linie psychedelischer *be-ins* fortsetzt und zugleich
modifiziert, da sie nunmehr im Kontext einer Verumweltlichung von Infrastrukturen vonstattengeht. Dabei wird

die Verunmöglichung von Kritik wiederholt, die sich bei USCO und bei McLuhan durch die widersprüchliche Anlage des Verhältnisses von *environment* und *anti-environment* als Drängen nach unmittelbarer Vermittlung hergestellt hatte. Man meint mit technologischen Methoden und Inszenierungen der medialen Gesellschaft zu entgehen und landet einmal mehr in der Betäubung, in der realpolitische Verhältnisse nicht mehr gesehen werden. So verortet Graham St John (2009) die „neotrance" der Psytrance-Subkultur zwischen Fusion und Differenz, mit der das Streben nach Harmonie und Freundschaft, das „We are all one", umspielt wird. Übersehen wird dabei allerdings, dass die Transzendierung des Selbst sowie das Aufgehen in einem technologischen Milieu genau die Praktiken sind, die Medien nicht bekämpfen, sondern die umfängliche Kybernetisierung vorantreiben. Denn zurück bleibt eine betäubte Jugend, die sich einer neoliberalen digitalen Gesellschaft nicht widersetzen will. Es steht zu befürchten, dass diesmal mehr Menschen auf Drogen und im gesellschaftlichen Abseits hängen bleiben, da das Gros der Mitmachenden, abgesehen von den ewig jungen 30- bis 50-Jährigen (vgl. St John 2015, 255), weitaus jünger ist, wenn es ins Reich halluzinogener Drogen eintritt, als die Hippies in den 1960er Jahren.

Diese Gefahr ergibt sich wohl vor allem daraus, dass, so Graham St John (ebd.), die Psytrance kein Ziel außer dem Ausnahmezustand selbst verfolgt. Es geht nämlich um den Exzess und die Extension, ein „stay up forever" (ebd.), eine andauernde Präsenz. In der Forschung zu Psytrance wird die Nähe zu Batailles „Allgemeiner Ökonomie" der Verschwendung und Verausgabung aufgerufen (siehe Bataille 1975), die ein Gegenmodell zur kapitalistischen Verwertungsökonomie sein sollte (vgl. St John 2010b). In der auf Dauer gestellten Liminalität von Psytrance zeigt sich allerdings, dass in infrastrukturellen digitalen Kulturen aus Verausgabung und Exzess als Widerstand durch Unproduktivität eine neue ökonomische Form wurde. Denn mit diesem Leerlaufen dürfte das Training für eine Anpassung an digitale, ökologische Datenökonomien

vorgenommen werden. Hier geht es um eine unausgesetzte
Verschwendung und Vergeudung von Daten, von Zeit, von
Selbst, welche die Psytrancer im Exzess übererregt-betäubt
wiederholen. Die „Allgemeine Ökologie" ist von digitalen
Kulturen längst eingeholt worden, und aus dem Techno-Psy-
chedelismus der 1960er Jahre ist eine turbokapitalistische
und datenökonomische Trance geworden. Gerd Stern
und andere Apologeten der 1960er Jahre werden derzeit
gefeiert[21] und mit Ausstellungen geehrt, was als Hinweis auf
ihre Aktualität gedeutet werden kann. Die Psytrancer aber
werden wohl vergessen werden, denn sie schaffen keine
Werke, sondern verbrauchen sich und ihre Zeit im tribalen
Zusammenkommen. Sie sind flüchtig. Neotrance heißt
mithin Selbstauflösung.

Techno-ökologisches *be-in* heute

Die zeitgenössische Umstellung auf umweltliche Theorien in
den Medien- und Kulturwissenschaften kann im Kontext der
hier skizzierten Faszinationsgeschichte sowie der Psytrance-
Kultur zu beleuchten sein. Es kommt zu einer regelrechten
Renaissance McLuhans, zu einem Post-McLuhanismus
(Leeker 2012b), der sich als Regime der Empfindsamkeit
im Konzept einer „Techno-Ökologie" (Hörl 2011) zeigt, die
„media as environment" sowie die okkulte Systemästhetik,
wie sie bei den 9 *Evenings* vertreten wurde, modifizierend
fortsetzt.

Paradigmatisch für diesen Post-McLuhanismus sind die
medien-neuro-philosophischen Überlegungen von Mark
B. N. Hansen (2011). Auch hier geht es um eine umweltliche Medientheorie, in welcher der Mensch integraler
Teil einer großen Struktur und Vernetzung von unterhalb
der menschlichen Wahrnehmungsschwelle liegenden und
operierenden Kräften und Wirkungen ist, die von digitalen

---

21   Vgl. zum Interesse an USCO und Gerd Stern, dass der unterdessen
     fast 90-jährige (geb. 1928) Künstler zwischen 2004 und 2013 mehrmals
     in Deutschland bei einschlägigen Instituten wie dem Zentrum für
     Kunst- und Medientechnologie in Karlsruhe zu Gast war.

Medien ausgelöst und verwaltet werden. Grundlage für diese Konstitution ist für Hansen eine medientechnische Umwelt in Gestalt von Sensoren und smarten Technologien, die selbst ein makroskopisches und suborganismisches Empfindungsvermögen bilden würden. Sie zu beschreiben und zu analysieren dränge dazu, Mensch und Subjekt nicht mehr als Entitäten aufzufassen, sondern als Teile eines gigantischen, kosmischen Netzwerkes reiner Potenzialität von Empfindungen und Ereignissen. Mediale Umwelt würde so als Affizierung zu einer eigenen Handlungsmacht. Es ist also nicht McLuhans These von Medien als Extensionen des Körpers, sondern seine Vorliebe fürs psychedelische und okkulte *be-in*, die hier geerbt wird.

Die kulturellen und epistemologischen Konsequenzen dieses Post-McLuhanismus zeigen sich insbesondere an Hansens (2015) Re-Lektüre von Friedrich Kittlers These, es gäbe keine Software (siehe Kittler 1993). Hatte Kittler die Existenz von Software negiert, um auf das Reale der pro-grammierbaren Maschine in Gestalt von physikalisch-elek-trischen Prozessen, mithin die Hardware des Computers, aufmerksam zu machen, interpretiert Hansen diese Ebene im Sinne der beschriebenen Sensibilität der Materialität technischer Umwelten, an der Menschen ebenso teilhaben wie Geräte. Hansen (2015, 215) schreibt:

> Kittler's rejection of software thus serves to remind us that, underneath the layers of software that obfuscate the materiality of the computer at the very moment they afford us functionality, there lies an irreducible sensory reality. His embrace of nonprogrammable machines serves to affirm that all computational pro-cesses (including parallel ones) are temporal processes: insofar as they enframe time, computational processes generate sensibility, and they do so, importantly, before any meaningful distinction between human and nonhuman systems enters the scene.

Hansen geht noch weiter und spitzt Kittlers vermeintliches Interesse am Senso-Technischen dahingehend zu, dass

jenseits der Software die nicht-programmierbare Maschine
läge, so Hansen (ebd.):

> [P]rogramming nonprogrammable machines simply
> requires a revision of what we understand by pro-
> gramming: no longer the fruit of an instrumental
> reduction, programming must come to designate
> operations performed on a material substrate in real,
> which is to say, experiential time.

Die sensorische Basis des Programmierens steht nach
Hansen im Zentrum von Kittlers Medientheorie (vgl. ebd.,
216). Sie sei zugleich die Ermöglichung dafür, dass nunmehr
mediale Umwelten den Menschen umfangen, die mehr vom
ihm wissen, als dieser selbst ahnen kann.

Dass in den infrastrukturellen Lagen digitaler Kulturen neue
Beschreibungen nötig werden, die mehr als Einzelmedien
und deren technisches Apriori umfassen, und die vor allem
auf die *agency* der technischen Umwelten eingehen können,
ist schon fast zum Allgemeinplatz geworden (vgl. Engemann
und Sprenger 2015). Welche Herausforderungen diese neue
Situation allerdings mit sich bringt und welche Gefahren
gerade im Diskurs der Umweltlichkeit schlummern, lässt
sich ablesen, wird dieser auf eine Genese aus McLuhans
environmentaler Medientheorie zurückgeführt. Zwar
unterscheidet sich Hansens Theorie da von McLuhan, wo
sie dessen Bindung an Mensch, Subjekt und instrumentelle
Medienbegriffe auflöst. Sie schließt aber zugleich im Modell
der Verkörperung präpersonaler Empfindungen und
Resonanzen an McLuhans elektrische Resonanz-Existenz
von Mensch und Kosmos, mithin an das große *be-in* an. Das
Problem an dieser Medientheorie des Digitalen ist, dass bei
Hansen, wie schon bei McLuhan, die technische Konstitution
des Computers sowie infrastruktureller Vernetzungen im
Symbolischen, und damit in einer Medialität der Übersetzungen und Verschiebungen, aufgelöst wird in ein vor-
bewusstes, Welt umspannendes Sensorium. Damit geht eine
für die Medienwissenschaft bis dato konstitutive Referenz,
nämlich der Blick auf Technik verloren, den Kittler mit

seinem Verweis auf die abwesende Software nachdrücklich und eindringlich eingefordert hatte. Wer, wie Kittler, konstatiert, dass nur das zählt, was auch geschaltet wird, wird wohl kaum an einem Numinosen interessiert sein, sondern vor allem daran, wie etwas schaltbar wird (vgl. Rouvroy 2013). Es wäre im Gegensatz zu den techno-sensorischen Resonanzen immer theoretisch mitzuführen, dass die durchaus un-menschlichen Protokolle der Software sowie von Big Data bestimmen, was es zu denken, zu vernetzen und zu kommunizieren gibt (vgl. Galloway 2004). Umso gefährlicher ist es, Kittler und die von ihm angeschobene, auf Medientechnik fokussierende Medienwissenschaft abzustoßen bzw. umzudeuten. Für McLuhan und Hansen aber verirrt sich *Understanding Media* in eine Theorie des All-Einen und der Resonanz mit diesem, der Medialität als übersetzende Vermittlung abhandenkommt. Derart wird aus McLuhans spiritistischem Animismus ein „Agency-Techno-Animismus".

McLuhan und Hansen teilen also gleichermaßen den Gedanken und die Hoffnung, dass „wir" in die technisch autonom funktionierenden medialen Umwelten integriert sind und diese mit uns kooperieren – sei es, wie bei McLuhan, auf Grund der Extension des Menschen in die Medien, die bewirkt, dass diese immer schon Teil des Anthropologischen sind, sei es im Modell von Hansen, in dem der Mensch im Techno-Sensorischen, im doppelten Sinne, aufgehoben ist. Letztlich geht es damit um eine Kontrolle medialer Umwelten, die in der Tat zunehmend komplexer werden und an Menschen vor allem auf der Ebene von Daten interessiert sind.

In der aktuellen Lage der medientheoretischen Erfassung digitaler Kulturen treffen mithin in den Techno-Ökologien die McLuhan'schen *environments*, deren Ausgestaltung in den *9 Evenings* und die immersiven Milieus der Psytrance zusammen. Dies lässt sich als eine große Bewegung der Totalisierung verstehen, für die das Abschotten von Technik sowie das *be-in* ausschlaggebend ist. Der Drang zur Totalität

wird noch beschleunigt durch solche Theorien, die kon-
genial ein konstitutives Nicht-Verstehen als Regime und
Epistemologie digitaler Kulturen ausmachen, das auf Grund
undurchschaubarer Datenmengen und deren Prozessierung
zustande kommen soll (vgl. Beyes und Pias 2014.). Den
infrastrukturellen *environments* von heute entspricht eine
Gouvernementalität des Totalen.

Environment und Anti-Environment, revisited

Erst nach dieser Rekonstruktion einer resonanten
Faszinationsgeschichte von Medien als Umwelt(en) kann
der Versuch unternommen werden, die aktuelle technologische Lage zu sondieren und zu analysieren, die sich in
der Tat durch die Auflösung von Einzelmedien sowie eines
umfänglichen Verstehens technologischer Vorgänge, vor
allem algorithmischer Regelungen, auszeichnet und neuer
Beschreibungen bedarf. Diese sollten aber nicht den blinden
Fleck der Sehnsucht nach Totalität und *be-in* tradieren,
sondern auf die Bedingungen und Politiken von Medialität
als Übersetzung fokussieren. Dabei ist das Gewordensein
sowie die diskursive Kraft der Theorien zu Medien als
environments zu berücksichtigen und immer mitzudenken.
Aus dem *be-in* würde dann eine Epistemologie und Politik
der Totalität und aus den Techno-Ökologien eine Hinter-
fragung von Daten-Ökonomien, die digitale Kulturen kon-
stituieren (vgl. Schröter 2015).

McLuhan setzte für die Herstellung der notwendigen
kritischen Distanz große Hoffnungen in die *anti-
environments* der Künstler, denen in der aktuellen Lage
durchaus eine neue Chance gegeben werden sollte. Die
hier analysierten *anti-environments* hatten zwar gezeigt,
dass sie eine kritische Distanz sowie eine Position im Außen
der technischen Umwelten geradezu verunmöglichten.
Ihre Aufgabe war es eher, Wahrnehmen und Denken an
die Faszination eines resonanten techno-sensorischen

144 *be-in* anzupassen und dabei ein Selbst zu transzendieren. Gleichwohl könnten künstlerische *anti-environments* erkenntnisstiftend eingesetzt werden, wenn Analysen der hier skizzierten Faszinationsgeschichte zu ihrer Grundlage würden, um nicht in deren Fänge zu geraten. Künstlerische *anti-environments* hätten dabei zugleich den Vorteil vor einer rein wissenschaftlichen Analyse, dass sie auch die affektiven, emotionalen und faszinatorischen Ebenen des medialen *be-in* ansteuern, erlebbar machen und aufklären könnten, was ob der geschilderten Geschichte(n) wohl von besonderer Wichtigkeit sein dürfte (vgl. Leeker 2014).

Literatur

Bardiot, Clarisse. 2006. „9 Evenings: Theatre and Engineering. Introduction." *Daniel Langlois Foundation.* Letzter Zugriff am 31. Dez. 2015. http://www. fondation-langlois.org/html/e/page.php?NumPage=572.

Bataille, Georges. 1975. *Das theoretische Werk I: Die Aufhebung der Ökonomie.* München: Rogner & Bernhard.

Beyes, Timon und Claus Pias. 2014. „Debatte: Transparenz und Geheimnis." *Zeitschrift für Kulturwissenschaft* 2: 111–117.

Bonin, Vincent. 2006a. „9 Evenings: Theatre and Engineering Fonds. Fonds Presentation." *Daniel Langlois Foundation.* Letzter Zugriff am 3. Jan. 2016. http://www.fondation-langlois.org/html/e/page.php?NumPage=294.

Bonin, Vincent. 2006b. „Cart Tool." *Daniel Langlois Foundation.* Letzter Zugriff am 3. Jan. 2016. http://www.fondation-langlois.org/html/e/page. php?NumPage=602.

Bonin, Vincent. 2006c. „David Tudor: Bandoneon! (a combine) (performance)." *Daniel Langlois Foundation.* Letzter Zugriff am 3. Jan. 2016. http://www.fondation-langlois.org/html/e/page.php?NumPage=583.

Bonin, Vincent. 2006d. „Yvonne Rainer: Carriage Discreteness **(performance)."** *Daniel Langlois Foundation.* Letzter Zugriff am 3. Jan. 2016. http://www.fondation-langlois.org/html/e/page. php?NumPage=626.

Burnham, Jack. 1968. „Systems Esthetics." *Artforum* 7 (1): 30–35.

Burnham, Jack. 1969. „Systems and Art". *Arts in Society: Confrontation Between Art and Technology* 6 (2): 194–204.

Burnham, Jack. 1970. „The Aesthetics of Intelligent Systems." In *On the Future of Art,* herausgegeben von Edward F. Fry, 95–122. New York: Viking Press.

Goodyear, Anne Collins. 2004. „Gyorgy Kepes, Billy Klüver, and American Art of the 1960s: Defining Attitudes Toward Science and Technology." *Science in Context* 17 (4): 611–635.

Cross, Lowell. 2001. „Remembering David Tudor: A 75th Anniversary Memoir." *Frankfurter Zeitschrift für Musikwissenschaft* 4: 1–35.

Engemann, Christoph und Florian Sprenger. 2015. „Im Netz der Dinge. Zur Einleitung." In *Internet der Dinge: Über smarte Objekte, intelligente*

Umgebungen und die technische Durchdringung der Welt, herausgegeben
von dens., 7–58. Bielefeld: Transcript.

Fagen, M. D., Hg. 1975. *A History of Engineering and Science in the Bell System: The Early Years (1875–1925)*. New York: Bell Telephone Laboratories.

Galloway, Alexander. 2004. *Protocol: How Control Exists after Decentralization.* Cambridge, Mass.: MIT Press.

Gauthier, François. 2004. „Rave and Religion? Religious Studies Outlooks on a Contemporary Youth Phenomenon." In *Sciences Religieuses/Studies in Religion* 33 (3–4): 397–413.

Gertner, Jon. 2012. *The Idea Factory: Bell Labs and the Great Age of American Innovation.* New York: Penguin Group.

Hagen, Wolfgang. 1999. „Der Okkultismus der Avantgarde um 1900." In *Konfigurationen. Zwischen Kunst und Medien*, herausgegeben von Sigrid Schade und Georg Christoph Tholen, 338–357. München: Fink.

Hagen, Wolfgang. 2001. „Fotofunken und Radiowellen: Über Feddersens Bilder und die Hertzschen Versuche." In *Über Schall: Experiment und Medium in Ernst Machs und Peter Seilchers Geschossfotografie*, herausgegeben von Christoph Hoffmann und Peter Berz, 225–258. Göttingen: Wallstein.

Hagen, Wolfgang. 2002a. „Die Camouflage der Kybernetik." Letzter Zugriff am 8. Jan. 2016. http://www.whagen.de/vortraege/Camouflage/Camouflage-Vortrag.htm.

Hagen, Wolfgang. 2002b. „Die entwendete Elektrizität – Zur medialen Genealogie des ‚modernen Spiritismus'." In *Grenzgänge zwischen Wahn und Wissen: Zur Koevolution von Experiment und Paranoia 1850–1910*, herausgegeben von Torsten Hahn, Jutta Person und Nicolas Pethes, 215–239. Frankfurt a. M.: Campus.

Hahn, Marcus und Erhard Schüttpelz, Hg. 2009. *Trancemedien und Neue Medien um 1900: Ein anderer Blick auf die Moderne.* Bielefeld: Transcript.

Hansen, Mark B. N. 2011. „Medien des 21. Jahrhunderts, technisches Empfinden und unsere originäre Umweltbedingung." In *Die technologische Bedingung: Beiträge zur Beschreibung der technischen Welt*, herausgegeben von Erich Hörl, 365–409. Berlin: Suhrkamp.

Hansen, Mark B. 2015. „Symbolizing Time: Kittler and 21st Century Media." In *Kittler Now: Current Perspectives in Kittler Studies*, herausgegeben von Stephen Sale und Laura Salisbury, 210–238. Cambridge: Polity Press.

Hörl, Erich. 2011. „Die technologische Bedingung: Zur Einführung." In *Die technologische Bedingung: Beiträge zur Beschreibung der technischen Welt*, herausgegeben von dems., 7–53. Berlin: Suhrkamp.

Hug, Marius und Christian Kassung. 2008. „Der Raum des Äthers. Wissensarchitekturen – Wissenschaftsarchitekturen." In *Äther: Ein Medium der Moderne*, herausgegeben von Albert Kümmel-Schnur und Jens Schröter, 99–129. Bielefeld: Transcript.

Junker, Howard. 1965. „LSD: ‚The Contact High'." *The Nation*, 5. Juli. Letzter Zugriff am 8. Jan. 2016. http://www.thenation.com/article/lsd-contact-high/.

Kieronski, Robert V. o. J. „The Vochrome." *Lumion*. Letzter Zugriff am 26. Dez. 2015. http://www.lumion.net/pages/vochrome.php.

146   Kittler, Friedrich. 1993. „Es gibt keine Software." In *Draculas Vermächtnis: Technische Schriften*, 225–242. Leipzig: Reclam.

Kostelanetz, Richard. 1968. *The Theatre of Mixed Means: An Introduction to Happenings, Kinetic Environments, and Other Mixed-Means Performances*. New York: Dial Press.

Lacerte, Sylvie. 2005. „9 Evenings and Experiments in Art and Technology: A Gap to Fill in Art History's Recent Chronicles." *Daniel Langlois Foundation.* Letzter Zugriff am 10. Jan. 2016. http://www.fondation-langlois.org/html/e/page.php?NumPage=1716.

Leeker, Martina. 2008. „Camouflagen des Computers: McLuhan und die Neo-Avantgarden der 1960er Jahre." In *McLuhan neu lesen. Kritische Analysen zu Medien und Kultur im 21. Jahrhundert*, herausgegeben von Derrick de Kerckhove, Martina Leeker und Kerstin Schmidt, 345–375. Bielefeld: Transcript.

Leeker, Martina. 2012a. „Just do it: Mimesis in technischem und künstlerischem Systems Engineering." *Archiv für Mediengeschichte* 12: 153–166.

Leeker, Martina. 2012b. „Lokale Mediengeschichte(n) und Post-McLuhanismus: Zum McLuhan-Kongress in Toronto 2011." Letzter Zugriff am 26. Dez. 2015. https://philosophia-bg.com/archive/philosophia-22012/lokale-mediengeschichten-und-post-mcluhanismus-zum-mcluhan-kongress-in-toronto-2011/.

Leeker, Martina. 2013. „Geschlechtsneutralität: Vom Verschwinden von Geschlecht in Tanz-Performances in Kontexten digitaler Medien." In *Choreographie – Medien – Gender*, herausgegeben von Marie-Luise Angerer, Yvonne Hardt und Anna-Carolin Weber, 157–172. Zürich: Diaphanes.

Leeker, Martina. Hg., 2014. „Experiments & Interventions: Diskursanalytische Ästhetik für digitale Kulturen." *Digital Cultures Research Lab.* Letzter Zugriff am 27. Dez. 2015. http://projects.digital-cultures.net/dcrl-experiments-interventions/.

Leeker, Martina und Michael Steppat. 2015. „Data Traffic in Theatre and Engineering: Between Technical Conditions and Illusions." In *Traffic: Media as Infrastructures and Cultural Practices*, herausgegeben von Marion Näser-Lather und Christoph Neubert, 160–178. Leiden, Boston: Brill.

McLuhan, Marshall. 1960. „Report on Project in Understanding New Media." Prepared and Published by The National Association of Educational Broadcasters (NAEB) for the Department of Education, Washington, D.C. Letzter Zugriff am 9. Jan. 2016. http://blogs.ubc.ca/nfriesen/files/2014/11/McLuhanRoPiUNM.pdf.

McLuhan, Marshall. 1964. „New Media and the Arts." *Arts in Society* 3 (2): 239–242.

McLuhan, Marshall. (1964) 1994. *Understanding Media: The Extension of Man*. Cambridge: MIT Press.

McLuhan, Marshall und Eric Norden. 1969. „Playboy Interview: Marshall McLuhan. A Candid Conversation with the High Priest of Popcult and Metaphysician of Media." *Playboy* 3: 53–74, 158.

Mindell, David A. 2002. „Bodies, Ideas, and Dynamics: Historical Perspectives on Systems Thinking in Engineering." *Engineering Systems Division (ESD) Working Paper Series* ESD-WP-2003-01.23. Letzter Zugriff am 1. Jan. 2016.

http://dspace.mit.edu/bitstream/handle/1721.1/102751/esd-wp-2003-01.23. **147**
pdf.

Molinaro, Matie, Corinne McLuhan und William Toye, Hg. 1987. *Letters of Marshall McLuhan*. Toronto: Oxford University Press.

Morris, Catherine, Hg. 2006. *9 Evenings Reconsidered: Art, Theatre, and Engineering, 1966*. Cambridge: MIT List Visual Arts Center.

o. A. 1966. „Psychedelic Art." *Life*, 9. Sep. Letzter Zugriff am 6. Jan. 2016. https://books.google.de/books?id=21UEAAAAMBAJ.

Oren, Michel. 2010. „USCO: ‚Getting Out of Your Mind to Use Your Head'." *Art Journal* 69 (4): 76–95.

Rouvroy, Antoinette. 2013. „The End(s) of Critique: Data Behaviourism Versus Due-Process." In *Privacy, Due Process and the Computational Turn: The Philosophy of Law Meets the Philosophy of Technology*, herausgegeben von Mireille Hildebrandt und Katja de Vries, 143–168. London: Routledge.

Ryan, Jennifer. 2010. „Weaving the Underground Web: Neotribalism and Psytrance on Tribe." In *The Local Scenes and Global Culture of Psytrance*, herausgegeben von Graham St John, 186–202. New York: Routledge.

Schröter, Jens. 2015. „Das Internet der Dinge, die allgemeine Medienökologie und ihr ökonomisch Unbewusstes." In *Internet der Dinge – Smarte Objekte, intelligente Umgebungen und die technische Durchdringung der Welt*, herausgegeben von Christoph Engemann und Florian Sprenger, 225–240. Bielefeld: Transcript.

Sprenger, Florian. 2012. *Medien des Immediaten. Elektrizität – Telegraphie – McLuhan*. Berlin: Kadmos.

Sprenger, Florian. 2014. „Zwischen *Umwelt* und *milieu* – Zur Begriffsgeschichte von *environment* in der Evolutionstheorie." *Forum Interdisziplinäre Begriffsgeschichte* 3 (2): 7–18.

Sprenger, Florian. 2015. „Insensible and Inexplicable – On the Two Meanings of Occult." *communication +1* 4. Letzter Zugriff am 6. Jan. 2016. http://scholarworks.umass.edu/cpo/vol4/iss1/2/.

Stern, Gerd. 2001. „From Beat Scene Poet to Psychedelic Multimedia Artist in San Francisco and Beyond, 1948–1978." Berkeley: University of California. Letzter Zugriff am 6. Jan. 2016. http://content.cdlib.org/view?docId=kt409nb28g.

St John, Graham. 2008. „Trance Tribes and Dance Vibes: Victor Turner and Electronic Dance Music Culture." In *Victor Turner and Contemporary Cultural Performance*, herausgegeben von dems., 149–173. New York, Oxford: Berghahn.

St John, Graham. 2009. „Neotrance and the Psychedelic Festival." *Dancecult: Journal of Electronic Dance Music Culture* 1 (1): 35–64.

St John, Graham, Hg. 2010a. *The Local Scenes and Global Culture of Psytrance*. London: Routledge.

St John, Graham. 2010b. „Liminal Culture and Global Movement: The Transitional World of Psytrance." In *The Local Scenes and Global Culture of Psytrance*, herausgegeben von dems., 220–246. New York: Routledge.

St John, Graham. 2012. „Experience, Tribalism and Remixology in Global Psytrance Culture." In *What Matters? Ethnographies of Value in a Not*

148   *So Secular Age*, herausgegeben von Courtney Bender und Ann Taves, 248–275. New York: Columbia University Press.

St John, Graham. 2015. „Liminal Being: Electronic Dance Music Cultures, Ritualization and the Case of Psytrance." In *The Sage Handbook of Popular Music*, herausgegeben von Andy Bennett und Steve Waksman. 243–260. London: Sage.

Turner, Fred. 2006. *From Counterculture to Cyberculture: Stewart Brand, the Whole Earth Network, and the Rise of Digital Utopianism*. Chicago: University of Chicago Press.

Turner Fred. 2008. „Marshall McLuhan, Stewart Brand und die kybernetische Gegenkultur." In *McLuhan neu lesen: Kritische Analysen zu Medien und Kultur im 21. Jahrhundert*, herausgegeben von Derrick de Kerckhove, Martina Leeker und Kerstin Schmidt, 105–116. Bielefeld: Transcript.

Turner, Fred. 2013. *The Democratic Surround: Multimedia and American Liberalism from World War II to the Psychedelic Sixties*. London: University of Chicago Press.

USCO. 2017. „Intermedia Foundation. USCO." *Intermedia Foundation*. Letzter Zugriff am 1. Jan. 2016. http://www.intermediafoundation.org/usco/.

Vief, Bernhard. 1993. „Digitaler Raum." In *TRANSIT#1: Materialien zu einer Kunst im elektronischen Raum*, herausgegeben von Heidi Grundman, 14–28. Innsbruck: Haymon.

Weiser, Mark. 1991. „The Computer for the 21th Century." *Scientific American* 26 (3): 94–104.

Wiener, Norbert. 1954. *The Human Use of Human Beings*. Boston Houghton: Mifflin.

Winkler, Hartmut. 2009. „Viefs Hase: Medien, Verräumlichung und Reversibilität". Letzter Zugriff am 6. Jan. 2016. http://homepages.uni-paderborn.de/winkler/hase_d.pdf.

AUTO-AFFEKTION

AKUSTISCHES INTERFACE

STIMME

FILM

HER

6

Im Rhythmus der Stimme: Von der (Medien-)Betäubung zur (Auto-)Affizierung am Beispiel von *Her*

Marie-Luise Angerer

Für McLuhan war eine non-literale, über das Hören sich konstituierende Gesellschaft eine prämoderne, in der Individualität noch nicht ausgebildet war, sondern die akustische Gemeinschaft gefühlsbetont, spontan und chaotisch agierte. Der Film *Her* inszeniert genau dies: eine Gesellschaft, in der der einzelne zunehmend abhängig ist von smarten Systemen, die ihn in seinen Alltagsgeschäften unterstützen und vor allem auch emotional begleiten. Doch soll hier nicht McLuhans Leseweise einer betäubten und amputierten Narkose das Wort geredet werden, sondern vielmehr das Ohr als neue Schnittstelle beschrieben werden, wodurch die Stimme sich in ihrer Funktion als "Objekt klein a" in einer virtuellen Welt nochmals

neu entfaltet – als „blinder Fleck des Rufes und als Störung des Ästhetischen".

> In der Science-Fiction der Fünfzigerjahre erschien Technik immer als etwas Entmenschlichendes und Bedrohliches. Manchmal kam sie buchstäblich aus dem All. Für mich ist Technik etwas hundertprozentig Menschliches. Sie ist eine Erweiterung unser selbst, eine Projektion. Auch das manchmal ganz buchstäblich, wie am Telefon – Ohr und Mund. Deshalb verkörpert sie uns ganz und gar, unsere abstoßendsten, zer- störerischsten wie auch unserer [sic!] wundervollen, kreativen Seiten. Es gibt eine Synergie zwischen dieser Projektion in der Technologie und dem, was wir sind. Der Wahnsinn des Internets spielt eine große Rolle in *Verzehrt*. Die Technologie verführt zur Transzendenz, sie verlockt zur Körperlosigkeit, zur Selbstentleibung. Das ist in gewisser Weise religiös, weil sie verspricht, dass es möglich ist, seinen Körper zu verlassen. Wer die Straße entlang läuft, während er sich auf dem iPhone unterhält, hat sich entleibt. Es kann vorkommen, dass Sie mit jemandem kommunizieren, der schon tot ist, und Sie haben keine Ahnung. Es gibt YouTube-Videos, Chats, Text-Nachrichten. Das Internet ist ein irres, schwebendes Jenseits, das uns hineinzieht, genau wie Religionen, wie das Christentum oder der Islam, wo sich der beste Teil des Lebens nach dem Tod abspielt. (Cronenberg 2014a)

Auf diese Weise beschreibt der kanadische Filmemacher David Cronenberg anlässlich der deutschen Ausgabe seines Romans *Verzehrt* (Cronenberg 2014b) die unheimliche Attraktivität der neuen Technologien. Cronenberg, so heißt es in diesem Interview, entführe uns auf die verbotene Seite des Lebens – dorthin, wo man den anderen aus Liebe verzehrt (vgl. Cronenberg 2014a). Um diese libidinösen Verbindungen, um die Kommunikation mit unbekannten Stimmen und unsichtbaren Körpern, um diesen Glauben, dass immer nur ich gemeint bin – Ich, der Adressat der

Stimme – wird es im Folgenden gehen, wobei mit einem
anderen bekannten Kanadier, nämlich mit Marshall
McLuhan, begonnnen werden soll.

In *Die Magischen Kanäle* hat McLuhan (1994) den Narziss-
Mythos lange vor dem Internet und seinem Selfie-Hype auf
die Medienapparate übertragen und gemeint, sie würden
den Menschen betäuben. Dieser werde durch (s)eine technische Ausweitung betäubt und sich damit gleichzeitig
einer Selbstamputation unterziehen; d. h., die Ausweitung
oder Vertiefung eines Sinnes führe zur Amputation eines
anderen, damit sich das Gleichgewicht des Organismus
erhalte.[1] Diese doch ziemlich krude Sicht auf den menschlichen Sinnesapparat lässt sich nur vor der sehr verbreiteten
Annahme nachvollziehen, wonach die hegemoniale Stellung
des Sehsinns seit der Neuzeit alle übrigen Sinne in den
Hintergrund gedrängt hat. Doch was wäre, wenn man diese
Geschichte nochmals anders erzählte? Was wäre, wenn
die heute diagnostizierte Ubiquität der Medien, ihre Ele-
mentarität und ihr immediater Status nicht selbstamputativ
oder selbsthypnotisch wirkten, sondern stattdessen
vielmehr eine immer schon virtuelle Form von Selbstbezüglichkeit emergieren ließen, die als Auto-Affektion
bzw. Auto-Affizierung medientheoretisch nochmals anders
durchdacht werden kann. Am Beispiel des Films *Her* von
Spike Jones (2013) soll dieser Versuch unternommen werden,
Auto-Affektion mit und gegen McLuhans Narzissmus als
Narkose[2] durchzuspielen.

1   Ein Blick in aktuelle Literatur zu diesem Themenkomplex zeigt
    auf eindrücklich Weise, wie diese Sehweise – vor allem bei einem
    pädagogischen Medienverständnis – eins zu eins übernommen ist.
    Wir leben, heißt es beispielsweise bei Bert te Wild (2012), in dieser
    Narziss-Narkose. Was bedeutet, dass wir die mediale Umgebung
    nicht mehr wahrnehmen, sondern wie Fische im Wasser dieses – nach
    McLuhan betäubt, narkotisiert – durchqueren. Für eine kritische
    Lektüre von Lacans Narziss-Adaption in seinem Spiegelstadium-
    Aufsatz und McLuhans Narziss-Interpretation siehe Annette Bitsch
    (2008).
2   So lautet der Untertitel des Kapitels „Verliebt in seine Apparate"
    aus *Die magischen Kanäle*, in dem McLuhan (1994) seine Lesart des
    Narziss-Mythos präsentiert.

Das Ohr als Schnittstelle

In der Forschungstradition der Beziehung von Medien-
apparaten und ihren NutzerInnen/UserInnen ist dem
Akustischen bislang wenig Aufmerksamkeit zugesprochen
worden. Vielmehr konzentriert(e) sie sich auf die optischen
und haptischen Oberflächen dieser Verbindung. Die
Geschichte des Interface ist dabei stets als ambivalente,
als besonderer *double bind*, dargestellt worden: einerseits
als Verbindung mit der Maschine/dem Apparat, andererseits als immer bedrohliche und bedrohte Schnittstelle
zwischen menschlich und technisch bzw. nicht-mensch-
lich. Mit der Akustik ist das Interface nun jedoch endgültig
unsichtbar geworden und es scheint damit jene Dimension
erreicht zu haben, über die bereits in den 1990er Jahren
spekuliert worden ist, als von einem virtuellen Subjekt ohne
Körper die Rede war, das frei von materiellen Zwängen ein
Meta- oder Mega-Bewusstsein erreichen könne.[3] In *Her*
heißt es diesbezüglich: „It's not an operating system, it's a
conscience … ‚[W]hat makes me ‚me' is my ability to grow
through my experiences. … [I]n every moment I'm evolving'".
(*Her*, DVD 2013, 13:30)

In *Her* wird die Frage nach der „Realität" von virtuell und
körperlos nicht mehr (länger) problematisiert, sondern
längst ist die Gesellschaft, wie sie im Film vorgeführt wird,
an einem Punkt angekommen, an dem die Medientechniken
Beziehungen zu anderen (auch zu Quasi-Objekten wie einem
Haus, einer Heizung oder Hilfsrobotern) auf vielfältige Weise
organisieren. Theodore Twombly (gespielt von Joaquin
Phoenix) arbeitet in einer Firma, die Liebesbriefe für Leute
entwirft, die diese selbst nicht (mehr) schreiben können.
Mit *copy and paste* stellt Theodore vorformulierte emotionale Phrasen für jede Gelegenheit zusammen und bastelt
hieraus quasi-persönliche Seelenbriefe. Und lange bevor er

3   Luc Besson hat mit *Lucy* (2014) dieses Mega-Bewusstsein filmisch in
     Szene gesetzt. Es handelt sich hierbei um eine Diskussion, die sich seit
     Platon und der christlichen Körperüberwindung bis zu den heutigen
     Transhumanismus-Vorstellungen zieht.

das *operating system* (OS) Samantha treffen wird, um mit ihr
eine Beziehung zu beginnen, wird in seinem Leben fast alles
über das Ohr geregelt: Ein kleiner weißer Stöpsel in sein Ohr
gesteckt und Theodore ist online, checkt seine Mails und
Anrufe, sitzt vor einem riesigen Videoscreen, um sich mit
kleinen dreidimensionalen Figuren zu streiten, und spät-
abends klinkt er sich in Porno-Programme ein, um Telefon-
Netz-Sex zu haben. Alle diese Manöver verweisen auf den
Umstand, dass sich über das Ohr ebenso andere Realitäten
eröffnen wie über Screens und andere visuelle Apparate.
Die meisten Menschen im Film tragen daher Ohrstöpsel,
um im Off online zu sein. Durch diese neuen Gewohnheiten
hat sich das Erscheinungsbild des öffentlichen Raumes in
den letzten Jahren auch außerhalb der filmischen Realität
dramatisch verändert: *headphones*, gestikulierende Körper,
schreiende, lachende Menschen ohne reales Gegenüber
prägen das Bild öffentlicher Orte wie Straßen, Verkehrsmittel, Flughäfen und Wartesäle. Menschen sind absorbiert
von dem, was sie hören, und sie kommunizieren mit
Stimmen, die von anderswo herkommen (vgl. Weigel 1998).

Nach McLuhan ist das Zentralorgan voralphabetischer,
non-literaler Kulturen das Ohr. Die Menschen leben in
einem akustisch strukturierten Raum, der Individuen
und ihre Kollektive anders organisiert: Demnach würden
akustische Gesellschaften einen weniger stark ausgeprägten Individualismus aufweisen, die Gesellschaft sei
dezentral und chaotisch organisiert. Die Vorstellung von
Objektivität wäre nicht stark ausgebildet, denn Töne und die
gesprochene Sprache würden immer starken akustischen
Schwankungen unterliegen (vgl. Agethen 2011–2015).
Akustisch organisierte Menschen können also mit Rück-
griff auf McLuhan als „ganzheitlich, spontan, gefühlsbetont,
anteilnehmend" (Krotz 2001, 69) beschrieben werden – eine
Charakteristik, die im Zeitalter von Social Media und Selfie-
Exhibitionismus (vgl. Baxmann, Beyes und Pias 2014) alles
andere als ungewöhnlich klingt.

Die Stimme als Schnittstelle

In seiner Analyse der Selbstberührung oder Auto-Affektion hat Jacques Derrida die Stimme als dasjenige beschrieben, was ohne einen „die Selbstpräsenz unterbrechenden Signifikanten" (Derrida 1974, 175) auskommt, wodurch „[d]as Bewusstsein als Erfahrung reiner Selbstaffektion" (ebd., 174) bestimmt werden könne. Dieses „Sich-im-Reden-Vernehmen" inszeniert *Her* als einen Zustand höchsten Glücksgefühls, ein Mit-sich-Sein, welches die durch die strukturale Sprachwissenschaft von Ferdinand de Saussure einerseits und Sigmund Freuds Psychoanalyse andererseits eingeführte Spaltung des Subjektes (wieder) hinter sich gelassen hat. Bildet sich der semantische Wert der Sprache über die reine Negativität der Signifikanten nach de Saussure (1967), hat das psychoanalytisch definierte Subjekt sich im Moment des sprachlichen Ergriffen-Seins verloren (vgl. Lacan 1975, 61–70). Das heißt, Sprache und (Spiegel-)Bild reflektieren dem Subjekt sein Nicht-mit-sich-Sein, das sich im Blick des Anderen verkennt und zeitlebens mit einem phantasmatischen Ideal-Ich zu leben gezwungen ist. Nicht zufällig wird Jacques Lacan die Stimme als „Objekt klein a" einführen (vgl. Lacan 2010) – als etwas, das immer schon über das Subjekt hinausweist, ein Interface *avant la lettre*, das zwischen dem Subjekt und dem Anderen einen Raum eröffnet oder einen nicht einholbaren Rest andeutet.

In *His Master's Voice* hat der slowenische Philosoph Mladen Dolar eine Theorie der Stimme vorgestellt und dabei betont, dass man diese weder nur als „Trägerin von Bedeutung" noch als „Gegenstand ästhetischer Bewunderung" untersuchen sollte, sondern dass man die Stimme als „Objekt" begreifen müsse, „als blinde[n] Fleck des Rufes und als Störung der ästhetischen Wertschätzung" (Dolar 2007, 9). Stimme und Bedeutung (die Botschaft) driften auf der Ebene des Imaginären auseinander, um auf diese Weise ein Begehren in Bewegung zu setzen, *Her* nicht mehr aus dem Ohr zu lassen, mit *Her* mehr bei sich selbst zu sein.

Affekt als Schnittstelle

In zahlreichen Geschichten über Maschinen und Roboter (oder wie in unserem Fall einem *operating system*) bilden Emotionen die entscheidende Schnittstelle zwischen Mensch und Maschine. Ob in Marge Piercy's Roman *He, She and It* (1992), in dem Jod, eine Cyborg-Kampfmaschine, von einer Frau und einem Mann programmiert wurde, um echte Gefühle zu haben, oder in Steven Spielbergs *A. I.* (2001), in dem David, ein „Mecha", mit Gefühlen ausgestattet ist, um auf diese Weise die Liebe seiner Mutter zu gewinnen. 2001 ist auch das Jahr von Kubricks *2001*, in dem uns ein gefühlvoller „HAL", das Rechenzentrum des Raumschiffs, begegnet. Dieser kämpft mit List, Bösartigkeit, Scheinheiligkeit und Mitleidsappellen um sein Überleben. Heute werden Rechner in der Forschung für *affective computing* mit algorithmisch verrechneten emotionalen Programmen ausgestattet, um diese affektive Zwischenzone als neue Investionsplattform zu erobern. Emotionen markierten den Menschen im doppelten Sinne bislang als unberechenbar: der Vernunft und den Techniken des Messens entzogen. Doch mit den sich seit einigen Jahren etablierenden *affective sciences* (vgl. Davidson, Scherer und Goldsmith 2002) hat sich diese Ansicht grundlegend gewandelt. Man kann sogar noch früher ansetzen und auf die Versuche der Kybernetik verweisen, der affektiven Programmierung auf die Spur zu kommen (vgl. Pias 2003–2004; Angerer 2007). Einerseits geht es dabei darum, die menschliche affektive Ausstattung bzw. emotionale Kompetenz als regelgeleitetes Programm zu decodieren, andererseits jedoch darum, Computer mit affektiven Algorithmen zu programmieren (vgl. Angerer und Bösel 2015).

Auto-Affizierung als Schnittstelle

„I have no body. I live in a computer", erklärt Samantha der Nichte Theodores (*Her*, DVD 2013, 00:55:48), als Letzterer dem kleinen Mädchen seine neue Freundin zu erklären versuch, und die beiden während der Geburtstagsparty der Nichte ins Gespräch kommen. Doch was ist, wenn jede Beziehung streng genommen immer auch eine körperlose Dimension hat? Was heißt es, wenn sich in jede Beziehung eine andere, zusätzliche, körperlose miteinschreibt? Wenn nun hier die Auto-Affizierung als Selbstberührung angeführt wird, dann im Sinne eben dieser stimm- bzw. körperlosen Rede-mit-Sich.

Kein geringerer als Descartes hat eine seiner ersten Schriften diesem Phänomen gewidmet, und dieses (An-) Schreiben (m)eines Ich nicht für Philosophen oder Schau- spieler reserviert, sondern als erstes Moment der Selbst- Beziehung analysiert. In seinem Aufsatz „Automatisches Leben, Leben also" erzählt David Wills (2011) von einem Notizbuch, das Descartes im Jahr 1619 verfasst habe, und worin dieser sich mit einem Schauspieler vergleiche:

> Wie Schauspieler, die eine Maske tragen, damit man ihr Lampenfieber[4] nicht bemerkt, so werde auch ich eine Maske tragen, wenn ich in dem Theater dieser Welt, in dem ich bislang nur Zuschauer gewesen bin, meinen Auftritt habe. (Ebd., 17)

Die Frage, die sich Wills in diesem Aufsatz stellt, betrifft den Status des Wesens, das sich in dieser Passage als „Ich" bezeichnet. „Schamhafte Schauspieler setzen eine Maske auf, um ihre Scham zu verbergen, so verhält es sich auch mit mir, der ich maskiert hervortrete" (ebd., 17), zitiert Wills Descartes, dessen erstes Ego, einige Zeit bevor es zu einem *ego cogito*, einem *ego sum* oder einem *ego existo* wird, ein *ego larvatus* (ein maskiertes Ich), doch sogar noch früher ein *ego pudeo* ist, ein peinlich berührtes oder schamhaftes Ich. Bevor es sich mit einer Maske maskiert, die nicht die eigene ist, ist es mit einer anderen Maske maskiert, die nun aber tatsächlich seine Maske ist, nämlich seine Scham oder seine Verlegenheit. Nach Wills ist es diese Maske, an der Natur

---

4   In der englischen Übersetzung, von der Wills ausgeht, ist hier allerdings von Scham die Rede.

und Kultur ununterscheidbar geworden sind. Übertragen
auf *Her* kann diese Maske durch die Stimme des OS ersetzt
werden, um die existenzielle Differenz von Technik und
„eigener Natur" zu befragen bzw. das Thema des Köper-
bildes und (s)eines Körpers einzuführen. In der Technik- und
Roboterforschung wird die Frage, ob die Maschine einen
menschlichen Körper braucht, um von Menschen akzeptiert
zu werden, beispielsweise in der Krankenpflege, immer
wieder diskutiert und sehr unterschiedlich beantwortet (vgl.
Zilke und Neumayer 2013). Braucht Samantha also einen
Körper, um als Partnerin ernst genommen zu werden, oder
funktioniert sie als ideale Beziehungspartnerin gerade deshalb so reibungslos, weil sie kein materielles Gegenüber ist?
Wird sie ohne Körper mehr zum Körperbild Theodores, weil
sein Bild sich von ihrem nicht unterscheiden lässt?

In *Her* besitzt Theodore einen männlichen Körper, der sich
zunehmend mehr mit (s)einer weiblichen Stimme umhüllt,
die also mehr und mehr sein Körperbild mitbestimmt. Die
Musik dieser Stimme – man denke etwa an den *Moon Song*
von Karen O (vgl. KCRW 2014), den die OS-Stimme performt
– lenkt Theodores Rhythmus, wenn er geht, lacht und seiner
Umwelt zuschaut, und sie steuert vor allem seine Stimmung,
die, je mehr Stimme, umso besser wird, da sie ihn in eine
Art Berührungstaumel versetzt, der alle Körperpartien
gleichzeitig zu liebkosen scheint. Theodore springt vergnügt
durch eine Shoppingmall, seiner Stimme alles um ihn herum
beschreibend, er wandert am Strand entlang und setzt sich
kichernd inmitten der sonnenbadenden Gäste, um sich mit
seiner Stimme über seine geheimnisvolle, weil für andere
unsichtbare Beziehung zu amüsieren.

Verneinung als Schnittstelle

So unbekannt die Herkunft der Musik, in unserem Fall jene
der Stimme, ist, so wenig Kontrolle hat Theodore über ihre
Adressaten, wobei er zunächst lange davon ausgeht, dass er
ihr einziges Du ist. Durch kleine Irritationen (die Stimme ist
nicht erreichbar, sie reagiert nicht wie gewohnt, sie „zickt",

um es alltagssprachlich zu übersetzen) schöpft Theodore Verdacht, wird eifersüchtig, spioniert ihr nach, versucht, sie zu überlisten – um am Ende der Enttäuschte zu sein: Ich bin nicht allein mit ihr, sie gehört mir nicht, sie bedient auch andere, und mit all diesen anderen lebt sie die gleichen (Liebes-)Geschichten.

„Ich weiß zwar, aber dennoch" – der un-heimliche Satz eines jeden Filmzuschauers, auf dem Octave Mannoni (1985) seine Theorie der Verleugnung im Akt der Wahrnehmung aufgebaut hat – artikuliert sich hier wieder, um jedoch dezidiert die akustische Dimension zu adressieren. „Ich weiß, aber dennoch" ist also jene (psychoanalytisch gedachte) Ur-Spaltung, in der das Subjekt in die symbolische Welt eintritt, um (s)einen Sinn in Sprache, Bildern und Musik/Sound/Geräuschen zu finden, und um damit ein unbewusstes Wissen nicht an die Oberfläche dringen zu lassen, dass es nämlich immer schon eine Vor-Formulierung durch die Tatsache der Sprache gibt, in der immer schon alles einmal gesagt worden ist: Theodores Arbeit, Liebesbriefe für andere zu schreiben, um mit diesen authentische Gefühle auszudrücken, führt nur einmal mehr wunderbar vor Augen, was jedes Liebesgeflüster kaschieren muss: dass das zur Verfügung stehende Repertoire für die Sprache der Liebe von allen auf die eine oder andere Weise in denselben Situationen benutzt wird. Heute zeigt sich dieser Umstand in Form einer App augenzwinkernd: Im September 2014 wurde diese App während der Filmfestspiele in Venedig von Miranda July vorgestellt, eine App für Unsagbares – *Somebody* (vgl. Miu Miu 2014). Bei dieser handelt es sich um eine Messaging-App, die drei Protagonisten erfordert: A will B etwas mitteilen, kann dies aber aus verschiedenen Gründen nicht, weil sie möglicherweise emotional oder geografisch hierzu nicht in der Lage ist. Aus diesem Grund wendet sich A per App an C, ein Jemand, der/die gerade in der Nähe von B ist und dieser nun die Nachricht von A „persönlich" überbringen kann. (Möglicherweise nicht zufällig, dies sei hier nur angemerkt, spielt auch in dem eingangs erwähnten Roman von Cronenberg die Audiologie, die

Entwicklung und Fein-Abstimmung von Hörgeräten, über
die die NutzerInnen weltweit verbunden sind, eine überraschende Rolle.)

Was sich hier offenbart, ist jedoch mehr als nur die
Delegation der Gefühlsartikulation an eine Maschine,
vielmehr „zeigt" sich im Erfolg der Stimme des OS, dass der
Ursprung der Selbstbezüglichkeit, die von Derrida (1974,
174) als Auto-Affektion beschriebene Selbstberührung
weniger auf die Abwesenheit eines Signifikanten verweist, stattdessen jedoch den ihr eigenen Algorithmus
aus-stellt, das ihr eigene artifizielle Apriori. *Her* führt vor
Augen, wie die Maschine als Fremde (die Maschine ist eine
Fremde, die Menschliches einschließt, wie es bei Simondon
– 2012, 9 – heißt) zum zutiefst Eigenen/Intimen wird – zum
Mehr-als-ich-Selbst.[5]

Hier nun kann eine kurze Rückkehr zu McLuhan wiederum
getrost stattfinden, der am Ende des Kapitels „Verliebt in
seine Apparate" meint, dass die elektrischen Medien alles
„aus-stellen", „das persönliche und gesellschaftlich unter-
schwellige Leben [wird] plötzlich voll und ganz sichtbar"
– mit dem Ergebnis, und hier muss man McLuhan tatsächlich große Weitsichtigkeit unterstellen –, „dass sich uns das
‚soziale Bewusstsein' als eine Ursache von Schuldgefühlen
offenbart" (McLuhan 1994, 82f.). Genau zu jener Zeit, als
McLuhan über das große Schuldgefühl spekuliert, wird sich
dieses in eine großangelegte Schamproduktion (ich erinnere
an Descartes!) verkehrt haben. So schreibt ein Zeitgenosse
von McLuhan, Silvan Tomkins, Anfang der 1960er Jahre,
die Scham sei der wichtigste aller Affekte. Tomkins führt
sein Affekt-Modell gegen die Psychoanalyse ins Spiel und
wird in den 1990er Jahren – als das Netz sich als soziales

5   Virtual Reality mache, wie es von Žižek bereits vor Jahren definiert
    worden ist, jenen Mechanismus explizit, der bislang implizit verlaufen,
    aber eben immer schon für die Subjektformation basal gewesen sei:
    „Die Virtualisierung, die bisher ‚in sich' war, ein Mechanismus, der
    implizit ablief als die verborgene Grundlage unseres Lebens, wird nun
    explizit und als solche postuliert, was entscheidende Folgen für die
    ‚Realität' selbst hat." (Zizek 1996, 125)

Bewusstsein flächendeckend ausgebreitet hat – wie ein Blitz in die Theorie-Produktion der *media studies* und *cultural studies* einschlagen (vgl. Tomkins 1962/1963; Kosofsky-Sedgwick und Frank 1995). In seiner Arbeit kritisiert Tomkins die Psychoanalyse Freuds ob ihres zu engen Triebbegriffes und stellt dem gegenüber ein universal gefasstes affektives Modell vor: Dieses bildet heute u. a. die Grundlage für das *affective computing*, in dem mittels algorithmisch erfasster Emotionen Mensch und Maschine neu und auf intensive Weise aufeinander abgestimmt werden (sollen). Die Frage des Feintunings von menschlichen und maschinischen Stimmen ist dabei nur mehr eine Frage der Zeit. Das OS Samantha reiht sich damit in eine Tradition von „little sisters" ein (vgl. Angerer und Bösel 2015), wie die Begründerin des *affective computing*, Rosalind Picard, ihre affektiven Maschinen bezeichnet, die uns zunehmend mehr behilflich sind, um uns durch Alltag, Verkehr und andere Geschäfte – ihren Stimmen folgend – zu lotsen.

Literatur

Agethen, Matthias. 2011–2015. „Gutenberg Galaxis oder ‚posthistorische Menschen' im ‚elektrischen Zeitalter'? Über die Thesen Herbert Marshall McLuhans." Letzter Zugriff am 23. Jan. 2016. http://www.texturen-online.net/campus/campustexte/mcluhan.

Angerer, Marie-Luise. 2007. *Vom Begehren nach dem Affekt*. Zürich, Berlin: Diaphanes.

Angerer, Marie-Luise und Bernd Bösel. 2015. „Capture All. Oder Who is Afraid of a Pleasing Little Sister." *Zeitschrift für Medienwissenschaft* 13 (2): 48–56.

Baxmann, Inge, Timon Beyes und Claus Pias, Hg. 2014. *Soziale Medien – Neue Massen*. Zürich, Berlin: Diaphanes.

Bitsch, Annette. 2008. „Transfer zwischen McLuhan-Galaxis und Anderem Schauplatz? Ein Versuch zu einer Verbindung der Theorien von Marshall McLuhan und Jacques Lacan." In *McLuhan neu lesen. Kritische Analysen zu Medien und Kultur im 21. Jahrhundert*, herausgegeben von Derrick de Kerckhove, Martina Leeker und Kerstin Schmidt, 233–251. Bielefeld: Transcript.

Cronenberg, David. 2014a. „‚Technik ist menschlich': Ein Gespräch mit Jan Küveler." *Welt.de*. Letzter Zugriff am 19. Dez. 2015. http://www.welt.de/print/die_welt/literatur/article133408513/Technik-ist-menschlich.html.

Cronenberg, David. 2014b. *Verzehrt*. Frankfurt a. M.: Fischer.

Davidson, Richard J., Klaus R. Scherer und H. Hill Goldsmith, Hg. 2002. *Handbook of Affective Sciences*. Oxford: Oxford University Press.

Derrida, Jacques. 1974. *Grammatologie*. Frankfurt a. M.: Suhrkamp.

Dolar, Mladen. 2007. *His Master's Voice: Eine Theorie der Stimme*. Frankfurt
a. M.: Suhrkamp.

KCRW. 2014. „The Moon Song' from ‚Her' Performed by Karen O, Spike Jonze
and KK Barrett." 13. Feb. *Youtube.com*. Letzter Zugriff am 19. Dez. 2015.
https://www.youtube.com/watch?v=3vddb8wo42M.

Kosofsky-Sedgwick, Eve und Adam Frank, Hg. 1995. *Shame and its Sisters: A
Silvan Tomkins Reader*. London: Duke University Press.

Krotz, Friedrich. 2001. „Marshall McLuhan Revisited: Der Theoretiker des
Fernsehens und die Mediengesellschaft." *Medien & Kommunikationswissenschaft* 49 (1): 62–81.

Lacan, Jacques. 1975. „Das Spiegelstadium als Bildner der Ichfunktion, wie sie
uns in der psychoanalytischen Erfahrung erscheint." In *Schriften I*, herausgegeben von Norbert Haas, 61–70. Frankfurt a. M.: Suhrkamp.

Lacan, Jacques. 2010. *Die Angst: Das Seminar Buch X (1962–63)*. Wien, Berlin:
Turia & Kant.

Mannoni, Octave. 1985. „Je sais bien, mais quand même." In *Clefs pour
l'Imaginaire ou l'Autre Scène*, herausgegeben von Octave Mannoni, 9–33.
Montrouge: Seuil.

McLuhan, Marshall. 1994. *Die magischen Kanäle: Understanding Media*. Basel:
Verlag der Kunst Dresden.

Miu Miu. 2014. „Somebody. Women's Tales #8." 28. Aug. *YouTube.
com*. Letzter Zugriff am 19. Dez. 2015. https://www.youtube.com/
watch?v=iz13HMsvb6o.

Pias, Claus, Hg. 2003/2004. *Cybernetics/Kybernetik: The Macy Conferences
1946–1953. Essays & Dokumente*. 2 Bde. Zürich, Berlin: Diaphanes.

Piercy, Marge. 1992. *He, She and It*. London: Penguin Books.

Saussure, Ferdinand de. 1967. *Grundfragen der allgemeinen Sprachwissenschaft*. Berlin: De Gruyter.

Simondon, Gilbert. 2012. *Die Existenzweise technischer Objekte*. Zürich, Berlin:
Diaphanes.

Tomkins, Silvan. 1962/1963. *Affect, Imaginary, Consciousness*. 2 Bde. New York:
Springer.

Weigel, Sigrid. 1998. „Die geraubte Stimme und die Wiederkehr der Geister
und Phantome." In *Der Sinn der Sinne*, herausgegeben von der Kunst- und
Ausstellungshalle der Bundesrepublik Deutschland, 190–206. Göttingen:
Steidl.

Wild, Bert te. 2012. *Medialisation: Von der Medienabhängigkeit des Menschen*.
Göttingen: Vandenhoek & Ruprecht.

Wills, David. 2011. „Automatisches Leben, Leben also." *Zeitschrift für
Medienwissenschaft* 4 (1): 15–30.

Zielke, Jochen und Ingo Neumayer. 2013. „Künstliche Intelligenz und Wahrnehmung." *Planet Wissen*. Letzter Zugriff am 19. Jan. 2016. http://www.
planet-wissen.de/technik/computer_und_roboter/kuenstliche_intelligenz/
pwiekuenstlicheintelligenzundwahrnehmung100.html.

Žižek, Slavoj. 1996. „Lacan with Quantum Physics." In *FutureNatural: nature/
science/culture*, herausgegeben von George Robertson u. a., 270–292. New
York, London: Routledge.

KULTURKRITIK

MECHANICAL BRIDE

SEX

TECHNOLOGIE

AUTOMATION

7

Strategische Unbestimmtheit und kulturelle Überlebensfähigkeit: Von der Dehnbarkeit des kulturwissenschaftlichen Argumentes

Rainer Leschke

An sich erregen ästhetische Strategien in theoretischen Umgebungen zumeist Verdacht. Dennoch sind sie nahezu unausrottbar und zumal für Kulturwissenschaftler ein Hort ständiger Verführung. Die so beliebte Selbstversorgung im Arsenal ästhetischer Instrumente und Strategien verdankt sich jedoch keineswegs nur einem von einer Mischung aus Vertrautheit und Trägheit geprägten kulturellen Milieu, sondern sie kann sich, wenn schon keinem strategischen Kalkül, so doch einem Gespür für die nicht unerheblichen Vorzüge ästhetischen Argumentierens verdanken. McLuhan ist zweifellos ein solches Gespür zuzugestehen und viele seiner wirren Argumentationsfetzen dürften sich einem solchen Habitus verdanken. Allein schon die Form des Slogans, die bei ihm an die Stelle des geschlossenen Argumentes tritt, ist zunächst einmal vor allem eines, nämlich ästhetisch. McLuhan ignoriert so – gleich ob souverän oder durch theoretische Unfähigkeit getrieben – alle Regeln des theoretischen Diskurses und ist sich darin auf frappante Weise mit all denen einig, die selbst von nicht unerheblicher Theoriefeindlichkeit regiert werden und sich in theoretischen Umgebungen immer schon eher unsicher fühlen. Ganz unabhängig davon, ob der Diskurs sich strategischer Planung oder theoretischer Notdurft verdankt, dürfte er sowohl die erstaunliche Überlebensfähigkeit als auch die planlose Ubiquität und immer noch vorhandene Attraktivität McLuhans erklären.

Theorie als Sinnsetzung

Bei McLuhan sind in erstaunlicher Regelmäßigkeit nicht nur konträre, sondern kontradiktorische Äußerungen zu finden und das ist selbst für Texte mit verhaltenem theoretischen Anspruch doch einigermaßen erstaunlich. McLuhan legt

ziemlich entspannt[1] ein Argumentationsverhalten[2] an den
Tag, das entweder auf die Vergesslichkeit des Rezipienten
setzt oder aber Gefahr läuft, als schlicht nicht seriös aus
theoretischen Umgebungen eliminiert zu werden. Ein
solches Risiko ist sonst eigentlich nur Heidegger einge-
gangen und der benötigte immerhin nicht unerheblichen
fundamentalontologischen Beistand, um sich zu einer
solchen theoretischen Kaltschnäuzigkeit aufschwingen zu
können. McLuhan jedoch beschleicht noch nicht einmal
die Ahnung, dass hier so etwas wie ein Problem existieren
könnte.

Nun stellt die Idee, dass theoretischer Dilettantismus
vom Wissenschaftssystem einigermaßen zuverlässig und
nachhaltig geahndet würde, eine der großen Illusionen
der Selbstbeschreibungsdiskurse des Wissenschafts-
systems dar. Die Vorstellung von einer Verbindlichkeit
argumentativer Regeln und einer einheitlichen Vernunft, die das Ganze gnädig bewache, taucht zwar in
regelmäßigen Zyklen immer wieder vor allem im Kontext einheitswissenschaftlicher Bestrebungen auf und
sie hat auch bis heute über weite Strecken das ziemlich
ungetrübte Selbstverständnis der Naturwissenschaften

1   „In einer Zeit, in der die meisten Bücher eine einzige Idee anbieten,
     um ihr eine ganze Reihe von Beobachtungen einheitlich unter-
     zuordnen, ist eine solche Vorgehensweise nur schwer verständlich zu
     machen. Begriffe sind Provisorien, um Wirklichkeit zu begreifen; ihr
     Wert bemisst sich nach dem Zugriff, den sie ermöglichen." (McLuhan
     1996, 8) Mit dieser konsequent halbrichtigen und daher einigermaßen
     abenteuerlichen Privatepistemologie, die Begriff und Idee – „Ideen
     sind bestenfalls zweitrangige Kunstgriffe, um an Felswänden hinauf
     und darüber hinweg zu klettern." (ebd.) – zunächst in einen Gegensatz
     bringt, um letztlich beide an die Seite zu stellen, ohne zu erklären,
     was denn dann folgen soll, setzt McLuhan sich ziemlich nassforsch
     über die Konditionen jedweder bekannten Wissenschaftssysteme
     hinweg.
2   So muss das Buch *The Mechanical Bride* nach Anweisung des Autors
     „wegen seines kreisenden Blickpunktes in keiner bestimmten
     Reihenfolge gelesen werden" (McLuhan 1996, 9), eine Strategie, die
     von Hypertexten her bekannt, aber nur bedingt theoriefähig ist, da
     sie den Anforderungen von Argumentationsstrukturen diametral
     zuwiderläuft.

beflügelt, nur war sie vielleicht dominant, nie jedoch wirklich unwidersprochen. Die Kulturwissenschaften haben nach ihrem Rausschmiss aus einem mittels universaler Vernunft formatierten Wissenschaftssystem im 18. Jahrhundert ihren eigenen Laden losgemacht, der nach ganz anderen Regeln funktionieren sollte und mit Widersprüchen offenbar entschieden elastischer umzugehen vermochte, als das für jenes mathematisch-naturwissenschaftlich dominierte Wissenschaftssystem gilt, aus dem sie gerade exkommuniziert worden waren. Auch wenn sich das Wissenschaftssystem mit dem notorischen Verdacht der Unwissenschaftlichkeit rächt, ergibt sich am Rand eines naturwissenschaftlich dominierten Szientismus eine Zone theoretischer Unschärfe, in der sich die Kulturwissenschaften dann ansiedeln und vor sich hin interpretieren.

Und McLuhan hat zeitlebens eigentlich nichts anderes getan, als all das, was er in die Finger bekam, zu interpretieren und d. h., mit einem Sinnetikett zu versehen. Er begann – wenigstens wurde es dann bemerkt – mit medialen Alltagsprodukten, also dem Werbediskurs, und er kam hier durchweg zu kulturkonservativen Schlüssen. Allerdings verfügte McLuhan im Gegensatz zu Adorno und Horkheimer über keinen Generalnenner, sondern nur über Moral. Und diese nutzte er recht ausführlich und so sauertöpfisch, wie ein kulturkonservativer Moralist das nur tun konnte. McLuhan eignete sich so die Welt mit dem einzigen Instrument an, das ihm zur Verfügung stand, nämlich mit Interpretation und Sinn. Und damit war er durchaus großzügig. Sinn haben konnte bei ihm so ziemlich alles: von der Literatur bis zum Radiogerät.

Dass er als kulturkonservativer Bewahrpädagoge begann und ihm nichts ferner lag als der Sinn nach Revolutionen und er dann bei der permanenten Medienrevolution (vgl. Leschke 2008) landen sollte, war weder zu erwarten noch abzusehen, und es ist letztlich genauso verstörend wie die offensichtliche Widersprüchlichkeit seiner Aussagen. Und

es stellt sich die Frage, wie eine solche Kehre, die Ende der
1950er Jahre vergleichsweise zügig – um nicht zu sagen
abrupt – erfolgte, die aber nie an die Oberfläche gelangte
und daher von McLuhan auch nie explizit gemacht wurde, zu
erklären sein mag.

Bedeutsam über eine sui-suffiziente McLuhan-Philologie
hinaus scheint der Vorgang zu sein, da er immerhin
paradigmatisch einen Großteil der deutschsprachigen
Medienwissenschaft von den 1970er bis zu den 1990er
Jahren abdeckt, und McLuhan offensichtlich bereits in
den 1950er Jahren einen Paradigmenwechsel durchexer-
ziert, dem das kulturwissenschaftliche Wissenschaftssystem erst drei Jahrzehnte später folgen sollte. Wie-
wohl dieser Paradigmenwechsel einigermaßen blind und
ambivalent verlief und stattdessen getrieben war von der
Ausdifferenziertheit des Ausgangssystems – den Kulturwissenschaften gingen schlicht die Gegenstände aus, so
dass flugs neue Objekte für geschäftsfähig erklärt werden
mussten – ist doch interessant, dass McLuhan erstmals
eine – konstitutive – Rolle zu spielen vermochte, als die kul-
turpessimistische Stigmatisierung des Mediensystems post-
modern aufgehoben wurde, also Anfang der 1980er Jahre.
Wenn der kulturkonservative McLuhan der mechanischen
Braut überhaupt nicht und der von *Understanding Media*
allenfalls abschätzig und mit äußerster Verachtung zur
Kenntnis genommen wurde, so promovierte in den 1980er
Jahren eben jener verachtete McLuhan von *Understanding
Media* immerhin zum strukturbildenden Modelllieferanten
eines generellen Paradigmenwechsels der Kultur- und
Medienwissenschaften, wie er einschneidender nicht sein
konnte: Denn dieser Paradigmenwechsel war zugleich die
Grundlage, auf der so etwas wie Medienwissenschaft mit
einigem Recht sich als selbständige Wissenschaft überhaupt
etablieren konnte. Zugleich wurde McLuhan stets ohne
seinen eigenen Paradigmenwechsel wahrgenommen und
The Mechanical Bride in deutscher Übersetzung erst Mitte
der 1990er Jahre als philologische Rückergänzung, und damit
ziemlich folgenlos, nachgeliefert.

Mechanisierte Familienverhältnisse

The Mechanical Bride war das alles nicht anzusehen. Zumal es sich dabei streng genommen noch nicht einmal um einen Text handelte, sondern eher um eine kommentierte Sammlung von Werbeanzeigen, die allenfalls indirekt Auskunft über den Stand einer industrialisierten ,Volkskultur' geben konnte. Theoriefähig war aufgrund der Form allenfalls das Vorwort, und das wurde als Vorwort einer Bildergeschichte qualifiziert und entsprechend wenig zur Kenntnis genommen. Wobei das meiste, das McLuhan hier mit einigem Aplomb zu verkünden suchte, ohnehin schon bekannt war, nämlich aus der Kritik an der Kulturindustrie der Frankfurter Schule. Insofern lautet die erste Diagnose: nichts Neues, nur weniger und mit Bildern.

Dabei konzentrieren sich die für das Vorwort selektierten Sentenzen auf den Verdacht einer Manipulation,[3] Ausbeutung und Kontrolle des „kollektive[n] öffentliche[n] Denken[s]" (McLuhan 1996, 7) durch die Werbeindustrie, die Unterlegenheit des Bildungssystems gegenüber derartigen industriellen Zumutungen, auf die mittels einer Art von Ideologiekritik[4] reagiert werden sollte, ohne dass

3   „Von Interessenten wird die Kulturindustrie gern technologisch erklärt. Die Teilnahme der Millionen an ihr erzwinge Reproduktionsverfahren, die es wiederum unabwendbar machten, dass an zahllosen Stellen gleiche Bedürfnisse mit Standardgütern beliefert werden. Der technische Gegensatz weniger Herstellungszentren zur zerstreuten Rezeption bedinge Organisation und Planung durch die Verfügenden. Die Standards seien ursprünglich aus den Bedürfnissen der Konsumenten hervorgegangen: daher würden sie so widerstandslos akzeptiert: In der Tat ist es der Zirkel von Manipulation und rückwirkendem Bedürfnis, in dem die Einheit des Systems immer dichter zusammenschießt." (Horkheimer und Adorno 1980, 142)

4   „So dass man einfach versucht, zunächst einmal überhaupt das Bewusstsein davon zu erwecken, dass die Menschen immerzu betrogen werden, denn der Mechanismus der Unmündigkeit heute ist das zum Planetarischen erhobene mundus vult decipi, dass die Welt betrogen sein will. Dass diese Zusammenhänge allen bewusst werden, könnte man vielleicht doch im Sinn einer immanenten Kritik erreichen, weil es wohl keine normale Demokratie sich leisten kann, explizit gegen eine derartige Aufklärung zu sein." (Adorno 1971, 146)

McLuhan überhaupt über einen solchen Begriff verfügt.
Ferner unterstellt McLuhan eine Art Mythologie des Alltags,[5] wobei „das Volk mit der Herstellung von Volkskultur nicht das Geringste zu tun" (ebd., 8) habe und dies stattdessen industriell[6] produziert werde, eine Einsicht, die ebenfalls von Adorno und Horkheimer zur Genüge bekannt war. Hinzu kommt „ein hoher Grad an Zusammenhalt und Uniformität"[7] (ebd., 8), der frappanterweise „nicht aufgezwungen" (ebd., 8) sei, sondern quasi natürlich emergiere. Sämtliche dieser Motive der industrialisierten Volkskultur lassen sich also erstaunlich deutlich bei Adorno und Horkheimer wiederfinden und umgekehrt gehen einige der Motive ziemlich ungefiltert in die Entrüstungsdiskurse von McLuhans bewahrpädagogischen Nachfolgern wie etwa Postman ein.[8]

Der bei Horkheimer und Adorno durch den Einsatz von Theorie noch zivilisierte bewahrpädagogische Impuls schlägt bei McLuhan voll durch und entwickelt sich zu einem

---

5   „Sie [die Beispiele in *The Mechanical Bride*] repräsentieren eine Welt
     gesellschaftlicher Mythen oder Ordnungen und sprechen eine
     Sprache, die wir zugleich kennen und nicht kennen." (McLuhan 1996,
     8)
6   „Amusement, alle Elemente der Kulturindustrie, hat es längst vor
     dieser gegeben. Jetzt werden sie von oben ergriffen und auf die Höhe
     der Zeit gebracht. Die Kulturindustrie kann sich rühmen, die vielfach
     unbeholfene Transposition der Kunst in die Konsumsphäre energisch
     durchgeführt, zum Prinzip erhoben, das Amusement seiner aufdring-
     lichen Naivitäten entkleidet und die Machart der Waren verbessert zu
     haben." (Horkheimer und Adorno 1980, 156)
7   „Die augenfällige Einheit von Makrokosmos und Mikrokosmos
     demonstriert den Menschen das Modell ihrer Kultur: die falsche
     Identität von Allgemeinem und Besonderem. Alle Massenkultur
     unterm Monopol ist identisch, und ihr Skelett, das von jenem
     fabrizierte begriffliche Gerippe, beginnt sich abzuzeichnen." (Hork-
     heimer und Adorno 1980, 141f.)
8   So lassen sich bei McLuhan und Postman im Kontext der Werbung
     analoge Diskurse entlang der Form „Perlen vor die Säue" feststellen:
     „Die beste Photographie der Welt bekommt man heute zweifellos
     in der Fernsehwerbung zu sehen." (Postman 1985, 109) „Wir leben in
     einem Zeitalter, in dem zum ersten Mal Tausende höchstqualifizierter
     Individuen einen Beruf daraus gemacht haben, sich in das kollektive
     Denken einzuschalten, um es zu manipulieren, auszubeuten und zu
     kontrollieren." (McLuhan 1996, 7)

kaum gezügelten moralisierenden Diskurs gegen die Medien mit den üblichen Ingredienzen: Sex und Gewalt.

> Reichlich menschliches Blut und gefesseltes Fleisch, garniert mit Sex, Schießereien und schneller Aktion, bilden ein weithin populäres Gericht. ... Der Leser soll ständig besoffen sein von Sex und Gewalt, aber zu allen Zeiten geschützt vor dem rauen Kontakt mit dem kritischen Intellekt. ... Die Gewaltverherrlichung in der Literatur, die von anderen Medien und Reizmitteln noch gefördert wird, will letztlich nur das Lesepublikum auf die Ebene allgemeiner unkritischer Hilflosigkeit herabwürdigen. ... Das Crescendo von Sex und Sadismus lässt es schon ein wenig gähnen. (Ebd., 27, 39f., 41)

Den Medien entspringt ein Mahlstrom von Sex, Gewalt, Technik, Chaos und Tod, dem kaum zu entkommen ist und der von Werbung auf allen Kanälen noch nachhaltig verstärkt wird. Das, was McLuhan dagegenhält, ist gesetzt als das ganz Andere: der organische Mensch und eine diffuse soziale Einheit, die von der kaum minder unklaren Idee einer organischen Familie getragen wird. Die Ängste, von denen dieses obskure Ganzheitsmodell angetrieben ist, sind die vor einer Fragmentierung des Körpers, vor Sex im Allgemeinen und einer Technologie der Mechanisierung sowie vor Homosexualität im Besonderen. Während die Frankfurter Schule auf der Basis eines Modells von Vernunft und normativer Ästhetik operiert, hängt McLuhan jenem kleinbürgerlichen Pendant dieser Konstruktion an, das sich historisch im bürgerlichen Trauerspiel und seinen moralisierenden Backfischen manifestiert hat. Zugleich entgeht ihm dabei, dass, nachdem die Kleinbürgermoral sich zwischenzeitlich erst einmal durchgesetzt hatte und solcherart als allgemeine konservativ erstarrt ist, sie weit davon entfernt ist, ein anderes Zukunftsmodell denn das der Bewahrung überhaupt vorzusehen. McLuhans Denkmodell der *Mechanical Bride* ist damit strukturell konservativ und technologiefeindlich. Seine Ganzheitsvorstellungen, seine Ideen von Persönlichkeit, organischem

Körper und ebenso organischen Sozialformen sind aufs Idyll abonniert, das losgelöst von den historischen Bedingungen seiner Existenz stets zur autoritären Geste neigte. Arnheim identifizierte diesen Geistestypus einmal als jenen erschreckenden klammheimlichen Kern des kommerziellen Kinopublikums, nämlich den „Spießer gefährlichsten Kalibers" (Arnheim 1988, 205).

Neben solchen Motiven wie dem konfektionierten Körper und Partialobjekten ist es ausgerechnet der mechanisierte Körper, der es McLuhans Ängsten angetan hat. Auch wenn er für die Entdeckung des Maschinenmenschen ein wenig zu spät kommen mag, so ist ja nicht die Idee vom mechanisierten Menschen an sich interessant und auch nicht dessen Allianz mit dem Fließband und der Serialität, interessant ist vielmehr, dass McLuhan hier offensichtlich von einer ausgesprochenen Technophobie geplagt wird, die so gar nicht zum späteren Apologeten von allem, was mit Medientechnologie und allen anderen Modi technischer Kommunikation zu tun hat, passen will. Die Frage ist also, wie die Bewegung von der Phobie zur Affirmation selbst funktioniert – und sie funktioniert interessanterweise über die Form des Diskurses und sie funktioniert schleichend und nicht wirklich abrupt. Die Bewegung, die McLuhan vollführt, ist nicht die einer Kehre, sondern die einer allmählichen Drehung, Verschiebung und Umgruppierung von Denkmotiven.

The Mechanical Bride beginnt mit einer instantanen Sinnsetzung: Massenmedien sind, so die These, ihrem Wesen nach auf eine Allianz von Sex und Technologie fokussiert. Diesem primären Sinn werden dann weitere Motive wie hektisches Tempo, Verstümmelung, Gewalt und plötzlicher Tod assoziiert,[9] eine für Psychologen zweifellos

9 „JEDER, der sich die Zeit nimmt, die Techniken der Bild-Reportage in den Boulevardzeitungen und Magazinen zu studieren, wird mühelos eine vorherrschende Verbindung aus Sex und Technologie entdecken. Um dieses Paar schweben gewöhnlich Bilder von hektischem Tempo, von Verstümmelung, Gewalt und plötzlichen Todesfällen." (McLuhan 1996, 132)

bemerkenswerte Kombination. Interessant ist die Mechanik dieser primären Sinnsetzung, die nicht aus einer einfachen Setzung, sondern aus der Setzung einer Kombination besteht und damit gleich auf einen möglichst großen Erfassungshorizont schielt. Hinzu kommt die Strategie einer zusätzlichen Aufladung dieser Allianz durch Serien von Assoziationen, also die Anreicherung der ursprünglich behaupteten Kombination durch eine Ankopplung von Elementen mit partiellen Ähnlichkeiten. Es geht also in jedem Fall darum, möglichst viel auf den Schirm zu bekommen, um der Aussage größtmögliche Relevanz zu verleihen. Bei diesen Denk- und Kombinationsmustern dominiert eine Art Bildlogik, die vielleicht McLuhans Affinität zu den elektronischen Medien erklären mag, denn sie helfen ihm ganz offensichtlich beim Denken[10] – und Hilfe tut zweifellos Not: Die primäre Sinnsetzung wird approbiert mittels einfacher Evidenz, und die Satelliten werden assoziiert mittels sichtbarer Ähnlichkeiten. Damit tritt die schlichte Sichtbarkeit an die Stelle eigentlich geforderter Notwendigkeit.[11] Die inkriminierten Partialobjekte – hier die auf Säulen positionierten, mit Nylonstrümpfen bewaffneten Beine von Schaufensterpuppen – sind mit der instantanen Sinnkonstruktion allenfalls weitläufig verbunden: Die Kombination von Sex und Technologie stiftet den standardisierten und formatierten, an Fließbändern hergestellten Körper und Teil dieses standardisierten Körpers sind die mittels Nylon

10 So gehorcht der Match Cut ganz offensichtlich derselben Logik, die McLuhan für die Verbindung von primärem Sinn und assoziierten Elementen benötigt: Die Verbindung von Differentem durch eine partielle Analogie.

11 Schon John Stuart Mill bediente sich einer solchen Denkfigur, indem er Kausalität durch Evidenz und Analogie zu ersetzen suchte: „Der einzige Beweis dafür, daß ein Gegenstand sichtbar ist, ist, daß man ihn tatsächlich sieht. Der einzige Beweis dafür, daß ein Ton hörbar ist, ist daß man ihn tatsächlich hört. ... Ebenso wird der einzige Beweis, daß etwas wünschenswert ist, der sein, daß die Menschen es tatsächlich wünschen." (Mill 1991, 60f.) Auch wenn es sich um eine der schwächsten und zugleich bedeutsamsten Stellen in Mills Text handelt, weil hier der Sein-sollen-Schluss semantisch suggeriert wird, ist es charakteristisch, dass ausgerechnet diese Sequenz argumentativ Schule macht.

formatierten weiblichen Beine. Der moralische Impuls wird wiederum durch die Gleichsetzung von Partialobjekten und Ersatzteilen erzielt und dann durch das Aufblasen zu einem „Trend[,] zur ‚Ersatzteil-Kultur'" (McLuhan 1996, 132) aufgeladen. Diese sekundäre Generalisierung eines singulären Phänomens ist für den Horizont und die Valenz solcher primären Sinnzuschreibungen von enormer Bedeutung: Erst sie versorgt die Sinnzuschreibung mit einer für Erkenntnis nötigen Reichweite. Und an die erste Generalisierung schließen sich dann gleich weitere an: Das zum Ersatzteil disqualifizierte Partialobjekt markiert so den kulturellen Verlust organischer Ganzheit, die nicht zuletzt auch die Intelligenz und den Geist selbst in Form des Spezialisten[12] erfasst hat. Dasselbe gilt dann auch für den Sex, der von der Persönlichkeit getrennt werde etc. Letztlich ist – so die Konsequenz der aufgeladenen Sinnhypothese vom Beginn der McLuhan'schen Überlegungen – in der mechanisierten Kultur der Maschinen jegliche Teil-Ganzes-Relation derart aus den Fugen geraten, dass sie der Nachbesserung bedarf. Und darin wiederum lassen sich dann bereits Motive des späten McLuhan erkennen.

Wir haben es also mit einer ganzen Serie loser Kopplungen[13] zu tun, von denen einzelne durch einen moralischen Wert

12 McLuhans Angst vor der Fragmentierung eilt offensichtlich ihrer Zeit voraus. Das fragmentierte Subjekt wird historisiert und damit zum Ausdruck des mechanischen Zeitalters der Typografie. Geheilt werden die Ängste vor dem Partialsubjekt offensichtlich erst in der ganzheitlichen Erfahrung der Elektrizität: „Die Ich-Imago der meisten Menschen scheint durch die Typografie geprägt zu sein, so dass das Zeitalter der Elektrizität mit seiner Rückkehr zum ganzheitlichen Erlebnis ihre Ich-Vorstellung bedroht. Das sind die fragmentierten Menschen, für welche durch die spezialisierte Routine die bloße Aussicht auf eine Geborgenheit in Muße und ohne Arbeit zum Alptraum wird. Elektrische Gleichzeitigkeit bedeutet das Ende der Spezialausbildung und arbeit und verlangt umfassende Querverbindungen; das gilt auch für die Persönlichkeit." (McLuhan 2008, 332)
13 Die Unterscheidung von Medium (als lose Kopplung) und Form (als feste Kopplung) ist von Fritz Heider (2005) eingeführt und von Luhmann übernommen worden. McLuhan benutzt also eine „mediale" Verbindung im Sinne Heiders, um Medienwirkungen zu beschreiben.

überdeterminiert sind, es handelt sich mithin, wie man in Anlehnung an Althusser formulieren könnte, um eine Struktur mit moralischer Determinante. Und das Ganze soll durch Konkretisierungen belegt und mithilfe von Generalisierungen mit Bedeutung versorgt werden. Es handelt sich also um nichts weiter als um eine künstlich aufgeladene Interpretation und damit eigentlich um nichts Besonderes, denn mit derart großzügig erweiterten Sinn-zuschreibungen haben die Kulturwissenschaften immer schon ihr Geld verdient. Und mit ziemlicher Sicherheit wäre *The Mechanical Bride* sang- und klanglos in der Versenkung verschwunden, hätte es keinen zweiten Teil gegeben, nämlich *Understanding Media*.

Organische Gestalten

Während *The Mechanical Bride* noch keine Erlösung kannte, sondern offensichtlich auf die Apokalypse abonniert war, bemerkt McLuhan in der aufstrebenden Fernsehkultur etwas, was zum selben Zeitpunkt selbst Kracauer (1993) im Untertitel seiner Filmtheorie dem Medium als Sinn zuzu-schanzen gewillt war: nämlich die Errettung der äußeren Wirklichkeit durch das Medium. Und hier wird deutlich, wie jene fragwürdige Synthese von religiösem Heilsplan und Popkultur auf der Ebene der Sinnsetzung funktionierte: Der apokalyptische Drall der mechanisierten Medienkultur des typografischen Menschen wurde auf eine spezifische Medialität zurückgefahren und nicht wie in der Kulturindus-trie auf Massenmedialität an sich bezogen. Dadurch konnte die Apokalypse angehalten und historisiert werden, da eine neue Medienkultur die ersehnte Erlösung[14] brachte: das Fernsehen.

14 Die Irritationen, die man mit dieser Sicht McLuhans hat, hängen zweifellos mit der europäischen Zentrierung in einer Buchkultur zusammen, die durch die andauernde enorme Allianz von Auf-klärung, Kunstsystem, Wissenschaft und einer um die Reproduktion dieses Zusammenhanges bemühten Pädagogik sich zu einem nahezu unerschütterlichen Gemeinplatz entwickelt hat. Die Bewertung der Buchkultur als positiv ist damit historisch gesetzt, so dass

Wenn der McLuhan der „mechanischen Braut" statisch,
also synchron operierte und noch nicht einmal im Ansatz
über so etwas wie eine historische Idee verfügte, dann
änderte sich das ausgerechnet mit der Entdeckung des
Fernsehens radikal: Was sich also von *The Mechanical Bride*
zu *Understanding Media* ereignete, war die Intervention der
historischen Dimension und die Verdopplung der Moral.
Was passierte, war die Erlösung durch das Fernsehen,
die Errettung vor der verdammten Buchkultur und ihrer
Vernunft. Und so restituiert ausgerechnet eine neue
mediale Prothese jene einst in der Mechanisierung verloren
gegangene organische Einheit. Es mag erschreckend sein,
aber der erste Paradigmenwechsel, in dessen Folge die
Medienwissenschaften emergieren, gestaltete sich als eine
Art Erweckungserlebnis.

Die elektronischen Medien bringen damit die durch die
Buch- und Schriftkultur verloren gegangene Ganzheit
zurück:

> Der Mangel an Verständnis des organischen Cha-
> rakters der Elektrotechnik tritt in unserer dauernden
> Besorgnis wegen der Gefahren der Mechanisierung der
> Welt klar zutage. Wir befinden uns vielmehr in großer
> Gefahr, durch wahllose Verwendung der elektrischen
> Energie die ganzen Investitionen in die vor-elektrische
> Technik zunichte zu machen. Ein Mechanismus ent-
> steht durch Loslösung und Ausweitung von getrennten
> Teilen unseres Körpers, wie der Hand, des Armes,
> des Fußes in eine Feder, einen Hammer oder ein Rad.
> Und die Mechanisierung einer Arbeit erfolgt durch
> Aufgliederung eines jeden Teiles einer Handlung in
> eine Reihe von gleichförmigen, wiederholbaren und
> beweglichen Teilen. Das genaue Gegenteil kennzeichnet

McLuhans Ausfälle gegen den mechanisierten Menschen nicht auf
die typografische Kultur insgesamt appliziert, sondern auf Werbung
und kommerzielle Bilder beschränkt bleiben. Und genau so funktioniert die Logik bei Horkheimer und Adorno: Das Negative sind die
Massenmedien, von denen klammheimlich das Buch ausgenommen,
der sonstige Printbereich wiederum eingeschlossen ist.

das kybernetische Verfahren (oder die Automation), die man als Denk- genauso wie als Handlungsweise bezeichnet hat. Anstatt sich mit einzelnen Maschinen zu befassen, sieht das kybernetische Verfahren die Produktion als ganzheitliches System der Manipulation von Informationen. (McLuhan 2008, 285)[15]

15 „Heute erfolgen Aktion und Reaktion fast gleichzeitig. Wir leben jetzt gewissermaßen mythisch und ganzheitlich, aber wir denken weiter in den alten Kategorien der Raum- und Zeiteinheiten des vorelektrischen Zeitalters." (McLuhan 2008, 12) – „Das Streben unserer Zeit nach Ganzheit, Einfühlungsvermögen und Erlebnistiefe ist eine natürliche Begleiterscheinung der Technik der Elektrizität." (ebd., 13) – „Zur selben Art von totaler, ganzheitlicher Erkenntnis, die erklärt, warum das Medium für die Gesellschaft die Botschaft ist, gelangte man in den neuesten, umwälzenden medizinischen Theorien." (ebd., 20) – „In solchen Dingen haben die Menschen eine gewisse ganzheitliche Auffassung der Struktur, Form und Funktion als eine Einheit beibehalten. Aber im Zeitalter der Elektrizität ist diese ganzheitliche Auffassung der Struktur und Gestalt so vorherrschend geworden, dass die Pädagogik diese Angelegenheit aufgegriffen hat. Anstatt sich mit speziellen Problemen der Arithmetik zu beschäftigen, folgt die strukturelle Methode der Kraftlinie im Feld der Zahlen und lässt Kinder über Zahlentheorie und ‚Mengen' nachdenken." (ebd., 24) – „Wir andererseits finden das Avantgardistische im ‚Kühlen' und Primitiven mit seiner Aussicht auf Beteiligung der Gesamtperson und ganzheitliche Lebensäußerung." (ebd., 41) – „Als eine Intensivierung und Ausweitung der Funktion des Visuellen lässt das phonetische Alphabet die anderen Sinne, den Gehörsinn, den Tastsinn und den Geschmacksinn, in jeder alphabetischen Gesellschaft an Bedeutung verlieren. Die Tatsache, dass dies in Kulturen mit nicht phonetischer Schrift, wie etwa der chinesischen, nicht der Fall ist, lässt diese eine reiche Fülle von ganzheitlichen Wahrnehmungen mit einer Erlebnistiefe sammeln, die in zivilisierten Kulturen durch das phonetische Alphabet immer mehr abgebaut wird. Denn das Ideogramm ist eine ganzheitliche ‚Gestalt', nicht eine analytische Scheidung der Sinne und Funktionen, wie es die phonetische Schreibweise ist." (ebd., 103) – „So war der griechische Stadtstaat eine stammesgemeinschaftliche Form einer umfassenden und ganzheitlichen Gesellschaft und ganz anders geartet als die spezialisierten Städte, die als Erweiterungen der römischen Macht entstanden." (ebd., 117) – „Um diese Erfahrung zu machen, musste man das elektronische Zeitalter abwarten, bis man herausfand, dass Instantangeschwindigkeit Zeit und Raum aufheben kann und dem Menschen eine ganzheitliche und ursprüngliche Form der Erfahrung zurückbringt." (ebd., 178) – „Die elektrische Form durchdringender Eindrücklichkeit ist grundlegend taktil und organisch und gibt jedem Gegenstand eine Art ganzheitlicher

Und dieses ganzheitliche System greift mithilfe eines einzigen Mediums unerbittlich Platz. Als McLuhan das Fernsehen entdeckt hatte und damit implizit den Gegenstand wechselte, verschwanden der kulturkonservative *bias* und mit ihm die Technophobie rapide, und die Sache fiel, nachdem in Aussicht stand, dass die verlorene Ganzheit durch Fernsehen und Automation wiederhergestellt würde, zusehends optimistischer aus. Die Medienkultur verfügte mit den elektrischen Medien nunmehr über ein erheblich größeres moralisches Repertoire als allein die Apokalypse, schlichen sich doch auf einmal Erlösungsgedanken ein. Verhielt sich McLuhan ausgangs auf der Basis eines bildungsbürgerlichen Impulses und ziemlich diffuser Ängste noch durchaus konform zu jener kulturpessimistischen Sicht des Mediensystems, so wird er nun durch die neuen elektronischen Medien zu einem medieninduzierten Optimismus bekehrt.

Voraussetzung für diese Bekehrung McLuhans war, dass er im Gegensatz zur Frankfurter Schule nicht durch jenes Handicap der Unterscheidung von Kunstsystem und Massenmedien von einem positiven Urteil über Massenmedien abgehalten wurde. McLuhans großzügige Nobilitierung von Reklamesprüchen zu einer mechanisierten Welt, die selbstverständlich die gesamte Buchkultur und ihren nicht unerheblichen philosophischen Ballast einschloss, hätte die Frankfurter Schule niemals mitmachen können, allein schon deshalb, weil dabei die Grenze von Trivialität und Kunst übersprungen worden wäre und das Kunstsystem nun einmal den normativen Anker ausmachte, von dem aus die Argumente der kritischen Theorie Halt gewinnen sollten. McLuhans gedankliches Fundament

Empfindung, wie es die Höhlenmalereien vermittelten. Es war der unbewusste Auftrag des Malers, diese Tatsache im neuen elektrischen Zeitalter bewusst zu machen. Von dieser Zeit an war der Spezialist auf allen Gebieten zur Sterilität und Geistlosigkeit verurteilt, die wie ein Nachhall einer archaischen Form des ausgehenden mechanischen Zeitalters wirkte. Das zeitgemäße Bewusstsein musste wieder ganzheitlich und umfassend sein, nachdem das Empfindungsvermögen jahrhundertelang aufgespalten gewesen war." (ebd., 287)

besteht hingegen in jener diffusen Idee von Ganzheit, die entschieden weniger auf Ästhetik Rücksicht nehmen muss. Insofern ist – und das ist entscheidend – McLuhans Medientheorie trotz ihrer alles dominierenden visuellen Logik weitgehend anästhetisch organisiert und gehorcht allein schon darin den Maximen der Postmoderne. McLuhan setzte auf Form nicht im ästhetischen, sondern in einem funktionalen Sinne.

Und die Form war es auch, die in seinen Diskursen so erschreckend gleichblieb: jenes fast barocke Hantieren mit *pictura* und *subscriptio* (Link 1979, 168), die visuelle „Logik" und Kombinatorik, die zur Moralisierung drängenden einfachen Binäroppositionen,[16] die kurzen Sentenzen und Argumentationen, die bequem auf Zeitungsseiten Platz gefunden hätten, hätte sie dort nur jemand drucken wollen; all das hat McLuhan nie wirklich aufgegeben, er hat es nur in unterschiedlichen Packungsgrößen serviert. Die Welt wird als Comic rekonstruiert, assoziativ, einzig von der Form zusammengehalten und vollständig theorieabstinent. McLuhan suchte und fand Untertitel für die Welt und dachte, dass es das dann gewesen sei.

Und auch der anvisierte finale Zustand, in dem alle Gegensätze in eins fallen, kennt nicht nur seinen mythologischen Grund, sondern eben auch seine technischen Bedingungen, die Automation:

> Mit der Automation werden nicht nur Berufe verschwinden und ganzheitliche Rollen wieder aufkommen. Eine jahrhundertelange Spezialisierung in der Pädagogik und der Anordnung von Daten geht nun durch die augenblickliche Verfügbarkeit von Informationen zu Ende, welche die Elektrizität möglich gemacht hat. Automation ist Information, und sie macht nun nicht nur den Spezialaufgaben im Bereich der Arbeit ein Ende, sondern auch der Auffächerung im

16 Es war bereits *The Mechanical Bride* wesentlich durch einen pädagogischen Gestus getragen, nämlich den der Vereindeutigung.

Bereich des Lernens und Wissens. In Zukunft besteht
die Arbeit nicht mehr darin, seinen Lebensunterhalt zu
verdienen, sondern darin, im Zeitalter der Automation
leben zu lernen. Das ist ein ganz allgemeines Ver-
haltensmuster im Zeitalter der Elektrizität. Es beendete
die alte Dichotomie von Kultur und Technik, von Kunst
und Handel und von Arbeit und Freizeit. (McLuhan
2008, 393)[17]

Das automatisierte Subjekt[18] ermöglicht für McLuhan
Individualität[19] gleichsam im Schatten höchster Standardisierung und führt so zu einem unverhofften Revival
jenes bürgerlichen Subjekts der Aufklärung, dessen Garant
nun allerdings nicht mehr die Vernunft, sondern schlichte
Technik bildet. Dass Technik sich ihre Subjekte hinterrücks
erzwingt, hat McLuhan einmal mehr mit materialistischen
Vorstellungen gemein, nur geht denen in der Regel sein
unerschütterlicher Optimismus ab und mit diesem technisch stimulierten Optimismus ist McLuhan ganz Kind seiner
Zeit, kannte ja bekanntlich auch Marcuse (1998, 43ff.) so
etwas wie eine Selbstaufhebung des Materialismus in der
Automation.

17 „Es ist ein grundlegender Aspekt des Zeitalters der Elektrizität, dass
    diese ein weltumspannendes Netz aufbaut, das mit unserem Zen-
    tralnervensystem viel gemeinsam hat. Unser Zentralnervensystem
    ist nicht nur ein elektrisches Netz, sondern stellt ein einziges, ganz-
    heitliches Erfahrungsfeld dar." (McLuhan 2008, 385)
18 „Einheitlich geschulte und gleichgeschaltete Bürger, die dem so lange
    vorbereiteten und in der mechanischen Gesellschaft so notwendigen
    Schema entsprechen, werden der Automationsgesellschaft sehr zur
    Last und zum Problem, denn Automation und Elektrizität verlangen
    Methoden der ganzheitlichen Struktur auf allen Gebieten und zu jeder
    Zeit. Daher kommt die plötzliche Ablehnung der genormten Massen-
    artikel, des Einheitsmilieus und der Einheitswohnung und -bildung
    seit dem Zweiten Weltkrieg in Amerika. Es ist ein plötzlicher Wandel,
    den die Technik der Elektrizität im allgemeinen und das Fernsehbild
    im besonderen erzwangen." (McLuhan 2008, 401)
19 Die subliminale Standardisierung mittels ausgefuchster
    Modularisierung evoziert auf der Oberfläche den Schein von Indiv-
    idualisierung, auf den McLuhan hier offensichtlich anspringt. Faktisch
    geht es um Konfektionierung und nicht um Individualisierung.

Was tun?

Zu belegen ist mit McLuhan so ziemlich alles. Die offenporige Struktur seines Denkens und seiner Diskurse sorgt dafür, dass jegliches Element einen Ort findet, an den es andocken kann. McLuhan ist mithin nahezu beliebig zu interpretieren, und das, wo doch eigentlich klar sein sollte, dass polyvalente theoretische Texte in der Regel keine allzu guten Texte sind.

Dass dabei dann nicht nur angekoppelt werden kann, sondern genauso gut ausgeblendet werden muss, was noch alles mit in Kauf genommen wird, gehört zu den weniger amüsanten Seiten solcher Berufungsdiskurse, die man nach Kräften zu ignorieren sucht. Auch wenn McLuhan die Lizenz zum schlampigen Denken erteilt, hat er eine Bresche für eine kulturwissenschaftlich verfasste Medienwissenschaft geschlagen.

Es handelt sich bei allem, von dem die Rede war, eher um Motivsammlungen denn um kohärente Argumentationen. Und solche Motivsammlungen sind unter vor-paradigmatischen Konditionen auch außerhalb der Medienwissenschaften durchaus nicht selten. So lieferten die frühen Ansätze der Technikphilosophie,[20] denen gerade auch McLuhan einiges – ja nicht zuletzt die Motive seines Denkens – verdankte, kaum mehr als ebensolche von Analogien notdürftig zusammengehaltenen Motive. So scheint sich gerade für jene kleinen „Philosophien" wie die Technik- und die Medienphilosophie so etwas wie eine Morphologie der Theoriebildung herauszukristallisieren, die beide zugleich kolossal laut und mit ziemlich sparsamem theoretischen Gepäck ihre jeweiligen theoretischen Odys-seen antraten, was vielleicht zu einer gewissen Nachsicht motivieren mag.

20 Das gilt insbesondere für die Konzepte von Kapp (1877), Spengler und Dessauer (1927). Überwunden wird dieses Stadium etwa mit dem Ansatz von Cassirer (2004).

Die Frage ist allerdings, was man daraus macht. Den Kulturwissenschaften ist mit McLuhan eine technologische Wende verschrieben worden, und die hat ihnen zweifellos gut getan, hatten sie doch über wohlfeile Sinnhypothesen hinaus erstmals überhaupt etwas zu sagen. Insofern mag McLuhan vielleicht zum Anfixen reichen, weiter kommt man jedoch nur ohne ihn, denn auf Dauer führte das Sich-zu-eigen-Machen von McLuhans Universum unweigerlich zur Paralyse.

Literatur

Adorno, Theodor W. (1969) 1971. „Erziehung zur Mündigkeit." In *Erziehung zur Mündigkeit*, herausgegeben von Gerd Kandelbach, 133–147. Frankfurt a. M.: Suhrkamp.

Arnheim, Rudolf. (1932) 1988. *Film als Kunst*. Frankfurt a M.: Suhrkamp.

Cassirer, Ernst. (1930) 2004. „Form und Technik." In *Gesammelte Werke. Hamburger Ausgabe*. Bd. 17, herausgegeben von Birgit Recki, 139–183. Hamburg: Felix Meiner.

Dessauer, Friedrich. 1927. *Philosophie der Technik. Das Problem der Realisierung*. Bonn: Friedrich Cohen.

Heider, Fritz. (1926) 2005. *Ding und Medium*, herausgegeben von Dirk Baecker. Berlin: Kadmos.

Horkheimer, Max und Theodor W. Adorno. (1944) 1980. „Kulturindustrie." In *Dialektik der Aufklärung. Philosophische Fragmente*, 108–150. Frankfurt a. M.: Fischer.

Kapp, Ernst. 1877. *Grundlinien einer Philosophie der Technik*. Braunschweig: George Westermann.

Kracauer, Siegfried. (1960) 1993. *Theorie des Films. Die Errettung der äußeren Wirklichkeit*. Frankfurt a. M: Suhrkamp.

Leschke, Rainer. 2008. „Vom Eigensinn der Medienrevolutionen. Zur Rolle der Revolutionsrhetorik in der Medientheorie." In *Revolutionsmedien – Medienrevolutionen*, herausgegeben von Sven Grampp u. a., 143–169. Konstanz: UVK.

Link, Jürgen. (1974) 1979. *Literaturwissenschaftliche Grundbegriffe. Eine programmierte Einführung auf strukturalistischer Basis*. München: Fink.

Marcuse, Herbert. (1964) 1998. *Der eindimensionale Mensch. Studien zur Ideologie der fortgeschrittenen Industriegesellschaft*. München: dtv.

McLuhan, Marshall. (1951) 1996. *Die mechanische Braut. Volkskultur des industriellen Menschen*. Amsterdam: Verlag der Kunst.

McLuhan, Marshall. (1964) 2008. *Understanding Media: The Extensions of Man*. London, New York: Routledge.

Mill, John Stuart. (1863) 1991. *Der Utilitarismus*. Stuttgart: Reclam.

Postman, Neil. 1985. *Wir amüsieren uns zu Tode. Urteilsbildung im Zeitalter der Unterhaltungsindustrie*. Frankfurt a. M.: Fischer Taschenbuch Verlag.

Spengler, Oswald. 1931. *Der Mensch und die Technik. Beitrag zu einer Philosophie des Lebens*. München: Beck.

MEDIEN-ANTHROPOLOGIE

FERNSEHEN

HEISS UND KALT

TAKTILITÄT

MENSCH ALS BILDSCHIRM

8

Fernsehen Denken: Marshall McLuhan und der televisive Mensch

Lorenz Engell

Das notorisch unterschätzte und abqualifizierte Fernsehen ist nicht nur McLuhans wichtigster Reflexionsgegenstand, sondern es gibt als das avancierteste und einflussreichste Massenmedium seiner Zeit zugleich die Blaupause ab für McLuhans Mediendenken überhaupt: Was er unter einem Medium versteht, erarbeitet er anhand des Fernsehens. Dies schlägt vor allem durch auf die medienanthropologische Grundlegung des McLuhan'schen Denkens. Diese implizite televisive Anthropologie von *Understanding Media* tritt der oft kritisierten anthropologischen These von den Ausweitungen des Menschen komplementär zur Seite. Sowohl die Leitthese von den heißen und den kalten Medien als auch die Vorstellung von der Dominanz des Taktilen wie schließlich der Gedanke vom Menschen als Bildschirm sind speziell aus den televisiven Verhältnissen abgeleitet. Sie etablieren eine ganz andere, nicht mehr zentrierende Medienanthropologie, in der, ganz im Sinne der „anthropomedialen Relation" (C. Voss), Mensch und Medium miteinander vorgängig amalgamiert und verstrickt sind, ehe sie operativ und analytisch voneinander unterscheidbar werden. So bemisst sich die Kälte und Hitze eines Mediums nach dem Grad seiner Involvierung und Implikation mit menschlicher Wahrnehmung, so bezeichnet Taktilität die Zone der Vermischung zwischen Berührendem und Berührtem, und so beschreibt die Metapher vom Menschen als Bildschirm den Zusammenschluss von Neurologie und Technologie. Im Lichte des Fernsehens zeigt sich, dass die Relation zwischen Mensch und Medium den Relata genau so vorausgeht, wie die Relata ihrerseits nur als Relationen greifbar sind.

Sein Kapitel über das Fernsehen in *Understanding Media* versieht Marshall McLuhan (1964, 336) mit der Überschrift: „The Timid Giant" – („Der schüchterne Riese"). Das ist deshalb interessant, weil dieses Kapitel, genau wie sein Gegenstand, selbst ein schüchterner, ein geradezu schlafender Riese ist. Es ist mit Abstand das längste Kapitel des Buches, doppelt so lang wie der Durchschnitt. Es behandelt mit dem Fernsehen das damals und noch für einige Jahrzehnte

jüngste und avancierteste, das technologisch anspruchs-
vollste und machtvollste Verbreitungsmedium. Vor allem
aber gibt das Fernsehen blaupausenartig das Modell ab
für McLuhans Vorstellung vom Medium und vom Medialen
überhaupt. Medien und das Mediale zu denken heißt für
McLuhan zuallererst, vom Fernsehen her, oder kurz: das
Fernsehen zu denken.

Dies ist ein Hauptproblem der McLuhan-Rezeption: Dass
diese Medientheorie, die ausdrücklich vom Fernsehen
her denkt, oft und in aller Regel, gerade bei den kritischen
Aufnahmen, von etwas her gelesen wird, das ihr und dem
sie ausdrücklich nicht entspricht, nämlich von den Denk-
mustern der „Gutenberg-Galaxis", der Schriftkultur her.
Wenn nun dieses relativ breit angelegte und konzeptionell
zentrale Kapitel über das Fernsehen dennoch kaum je als
einziges oder gar zentrales Stück, als *pars pro toto* und als
Schluss- oder Grundstein des McLuhan'schen Denkens ausgekoppelt und ausgewiesen worden ist, so hat dies mehrere
Gründe. Da ist zum einen seine nicht gerade herausgeho-
bene Position innerhalb des Buches als drittletzter – und
noch nicht einmal als letzter – von immerhin dreiund-
dreißig Abschnitten. Da ist zum anderen seine selbst im
Vergleich zum kaleidoskopischen Stil des gesamten Buches
noch einmal gesteigerte Fragmenthaftigkeit, Kursorik,
Heterogenität und geringe Dichte, die scheinbare Beliebig-
keit und offenbar nicht einmal um Verlässlichkeit bemühte
Aufführung und Anhäufung von Zitaten und Meinungen,
deren Autorität nicht im messbaren Bereich liegt. Man kann
dies natürlich leicht darauf zurückführen, dass es hier zu
einer Überlagerung zwischen der Diagnose McLuhans und
seinem Reflexionsstil kommt, denn gerade dem Fernsehen
unterstellt McLuhan ja eine besondere und exemplarische
Qualität als ein ästhetisch und epistemisch mosaikhaftes
Medium. Und da ist drittens die Tatsache, dass McLuhan
die zentralen Gedanken, die er hier dennoch entwickelt, in
seinem Buch bereits ausgekoppelt und in den ersten Hauptteil gestellt hat, der die Grundzüge seiner Medientheorie
aufführt, bevor im zweiten Hauptteil dann die einzelnen

Medien behandelt werden. Da diese Gedanken in mehrerer Hinsicht eben aus der Analyse des Fernsehens heraus entwickelt werden, erscheinen sie dann, wenn sie, zunächst breit entfaltet, dann anhand des Fernsehens wiederkehren, bereits als eingeübt und absehbar.

Im Folgenden werde ich drei dieser Kerngedanken noch einmal aufführen, sie dabei im Blick auf eine spezifisch medienanthropologische Argumentation aufstellen und ausrichten und schließlich mit einer Abschlussperspektive über das Fernsehen hinaus versehen. Das Einnehmen der anthropologischen Perspektive lohnt sich deshalb, weil, so meine Hypothese, im Licht des Fernsehens herauskommt, dass McLuhan, dessen medienanthropologischer Standpunkt oft als anthropozentrisch und daher unzeitgemäß abqualifiziert wird, etwa im Vergleich zu dem ihm Jahrzehnte vorausgehenden Ernst Kapp (2015), nicht nur eine, sondern zwei, und sehr verschiedene Medienanthropologien bewegt. Die eine ist die wohlbekannte Anthropologie der „Extensions of Man", der Medien als Außenverlagerungen des Menschen (vgl. McLuhan 1964, 51–52). Die andere aber ist im Unterschied dazu als eine implizite, unentfaltete Form dessen zu beschreiben, was ich hier mit Christiane Voss (2010, 2013a) als „Philosophie anthropomedialer Relationen" bezeichnen möchte. Fernsehen ist demnach keine Erweiterung des Menschen, sondern eine Verstrickungslage, aus welcher der televisive Mensch als Mensch des Fernsehens erst noch herauszupräparieren wäre.

Die drei Kerngedanken sind erstens die Unterscheidung von heißen und kalten Medien, schon in ihr ist nämlich die anthropomediale Grundverstrickung angelegt (vgl. McLuhan 1964, 24–35). Zweitens gehört dazu die – bis heute überraschende – Idee vom Fernsehen als taktilem Medium und mithin der Taktilität als Idealform, nämlich als umfassendste Ausprägung des Medialen (vgl. ebd., 52, 80 et passim). Das Motiv des Taktilen kann dazu beitragen, die televisive Anthropomedialität abzusetzen gegen andere denkbare Relationierungen oder Verschränkungen von

Mensch und Medium (vgl. Voss 2010). Die Spezifik der vom Fernsehen und vom klassischen Fernsehbildschirm her gedachten oder auch praktizierten anthropomedialen Relation besteht u. a., wie wir sehen werden, darin, dass in ihr techno-imaginäre Praktik einerseits und ihre gedankliche Konzeptionierung beständig ineinander übergehen. Im Taktilen des Fernsehens sind nach McLuhan die immersive oder involvierende ästhetisch-mediale Imagination einerseits und ein letztlich intentionales, nämlich zeigendes und schließlich sogar auslösendes Handeln, wie es sich im Zählen und Berechnen einträgt, (noch) ungeschieden. Der dritte Gedanke aus dem Fernsehkapitel jedoch leistet etwas anderes, er ist der unauffälligste und überraschendste der drei. Es ist die Idee vom Zuschauer als Bildschirm. Dieser Gedanke, der auch anschlussfähig an aktuelle Tendenzen der Medienphilosophie ist, kehrt die als solche ausgewiesene McLuhan'sche Anthropologie, die von den Medien als ‚Extensions of Man' spricht, geradezu um und komplementiert sie (vgl. McLuhan 1964, 341).

Heiße Medien und kalte

Beginnen wir also mit der Unterscheidung heißer Medien von kalten. Das Fernsehkapitel ist über weite Strecken nichts anderes als eine Illustration und Wiederholung der schon im ersten Teil des Buches ausführlich entwickelten These McLuhans, das Fernsehen beziehe seine Charakteristik und Wirkung daraus, dass es sich um ein exemplarisch kaltes Medium handle. Kalte Medien unterscheiden sich von heißen Medien darin, dass sie sich dem Wahrnehmungsapparat des Menschen gegenüber in anderer Weise darstellen. Heiße Medien wenden sich erstens in allererster Linie an ein einziges Sinnesorgan wie die gedruckte Schrift und – *cum grano salis* – das Kino an das Auge und das Telefon und das Radio an das Ohr. Kalte Medien dagegen, eben in Sonderheit das Fernsehen, wenden sich dagegen an mehrere Sinneskanäle zugleich und stellen das berühmte

„interplay of senses" im Menschen her (vgl. ebd., 24–35, 344–346).

Zweitens jedoch liefern heiße Medien mehr Sinnesdaten, als das menschliche Zentralnervensystem zeitgleich verarbeiten kann, sie sind sensorisch dicht. Die Wahrnehmungsarbeit konzentriert sich auf das Auswählen. Dagegen sind kalte Medien sinnlich arm, sie liefern weniger Sinnesdaten, als den Organen des Menschen zeitgleich erschließbar wären, und zwar so wenige, dass, um überhaupt konfigurierbar zu sein, diese Daten durch Imaginationsleistungen ergänzt werden müssen (vgl. ebd., 24–35, 344–346). Dies führt nun dazu, so McLuhans zentrales Argument, dass die Aktivierung und Einbeziehung des wahrnehmenden Zentralnervensystems – oder Bewusstseins – in den Datenfluss, den das Medium erzeugt, im Fall des kalten Mediums erhöht wird, so in Sonderheit beim Fernsehen (vgl. ebd., 180–181, 270–271). Die Verschränkung des medialen gelieferten Datenmaterials und des wahrnehmenden, menschlichen Zentralnervensystems wird beim kalten Medium, so McLuhan, maximal; beide sind praktisch untrennbar aneinandergekoppelt, wo das heiße Medium sie voneinander abtrennt. Das Fernsehen als klassisches Röhrenfernsehen mit seinem kleinen Bildschirm, seiner groben Pixelrasterung, seinem unruhigen Bild, seiner Programmstruktur und -vielfalt und gerade seiner Beiläufigkeit und Ubiquität erfordert immer und erhält auch eine besondere Aufmerksamkeit, eine Involvierung und Immersion seiner Nutzer bzw. deren neurologischen Apparaten. Was wir im Fernsehen wahrnehmen, müssen wir erst mühsam mit herbeiführen.

Den schnell herbeigerufenen Zweifeln an einer solchen rigiden Kategorisierung von Mensch-Medium-Verhältnissen begegnet McLuhan durch drei Komplikationen. Erstens müssen nicht beide Bestimmungsstücke zugleich und in gleichem Umfang zutreffen, um ein Medium nach heiß oder kalt zu qualifizieren. Zweitens sind Medien immer nur relativ zu anderen als heiß oder kalt zu definieren, es gibt

hier keine absolute Unterscheidung. Diese Vorsichtsmaß-
nahme weist erneut auf das, entgegen manchen Unterstel-
lungen, nicht medien-ontologische, sondern grundlegend
relationale Denken McLuhans, das dann, wie wir noch sehen
werden, auch aus seiner Anthropologie einen medial-rela-
tionalen Ansatz macht. Und drittens erklärt McLuhan (ebd.,
36–45) die Unterscheidung nach heiß und kalt für eine
historische oder mindestens evolutionär veränderliche:
Heiße Medien können sich abkühlen, kühle aufheizen.
McLuhan (ebd., 136, 244–245, 357–358 et passim) kann so
die unterschiedlichen makroskopischen, medienkulturellen
Effekte des Fernsehens auf verschiedene Mediengesell-
schaften etwa Europas, Asiens und Nordamerikas erklären,
meist allerdings in komplett intuitivem wie bisweilen über-
raschend instruktivem Zugriff.

Kalte Medien und in Sonderheit das Fernsehen bilden also
verstärkt anthropomediale Verschränkungen aus, und zwar
so, dass sie beobachtbar und thematisch werden. Kalte
Medien verschränken menschliches Wahrnehmungsver-
mögen und dargebrachtes Wahrnehmungsmaterial so, dass
sie einander überhaupt erst an- und hervortreiben oder
gar hervorbringen. Nur aus der vorgängigen Verschränkung
beider, aus der anthropomedialen Relation des Fernsehens
geht die Wahrnehmung zugleich mit ihrem Gegenstand
erst hervor. Darüber hinaus aber können wir im Falle kalter
Medien diese Verschränkung gleich mitbemerken, während
heiße Medien uns eher abkoppeln und sich uns gegenüber
stellen wie das Objekt dem Subjekt. Heiß und kalt sind
demnach Qualifikationen nicht nur der Medien, sondern
auch der Menschen, mit denen sie involviert sind. Medien
überhaupt zu lesen aus ihrer geringeren oder intensiveren
Verschränkung mit Menschen (Menschen hier stets relativ
niederschwellig gedacht als Organismen mit zentralem
Nervensystem, deren Kennzeichen es ist, mit ihrer Umwelt
durch ihre eigenen Produkte, die Werkzeuge oder Medien,
die ihnen als Teil der Umwelt und aus dieser entgegen-
treten, verbunden zu sein) wäre demnach eine Idee, die nur

geboren werden kann, wenn sie von einem kalten Medium, hier: dem Fernsehen, induziert wird.

Das Taktile

Ähnliches gilt nun für die Qualifizierung des Fernsehens als taktiles Medium, eine Bestimmung, die ebenfalls klar erkennbar vor allem anthropologischer, zunächst sogar anthropozentrischer Herkunft ist. Bei der Feststellung, welches Medium sich an welches Sinnesorgan wendet, genauer: welches Organ das Medium ausweitet (wir kommen darauf gleich zurück), baut McLuhan eine Sonderstellung für den Tastsinn ein. Der Tastsinn umfasse nämlich, so McLuhan (ebd., 180, 271), alle anderen Sinne gleich mit. Diese anderen Sinne seien nichts anderes als Spezialisierungen des Tastsinns, nämlich der Haut, als deren Einfaltungen und Einformungen sie sich entwickelt hätten, so der Geschmackssinn, der Hörsinn und der Sehsinn (vgl. ebd., 308). Der Tastsinn umfasse und umschließe alle anderen menschlichen Sinne. Ein Medium, das sich an den Tastsinn wendet, ist deshalb ein ent-spezialisierendes und tendenziell relativ kaltes Medium, das makroskopisch alle anderen Spezialisierungen und auch, so die utopische Wendung bei McLuhan, die Differenzierungen und Entkopplungen in Gesellschaft und Weltgesellschaft überwinden könne (vgl. ebd., 118 et passim; s. a. ebd., 342, 345, 364).

Dass nun ausgerechnet das Fernsehen, ein Medium, das sich doch klarerweise an den Sehsinn wendet, von McLuhan für taktil erachtet wird, mag überraschen. Statt auf die beim Fernsehen maximale Verschränkung von Bild und Ton hinzuweisen, die schon oft beobachtet wurde und die insofern für McLuhans Theorie unschädlich wirken würde, als der Ton des klassischen Röhrenfernsehens genau so armselig, lückenhaft und datenarm ist wie das Bild und also der Qualifizierung des Fernsehens als kalt keinen Abbruch tun würde, geht McLuhan in eine andere Richtung: Der Tastsinn sei, so McLuhan (ebd., 132–133, 344, 354–355), ein Kontakt- und Nahsinn, wohingegen der Sehsinn ein Distanzsinn sei.

Das Fernsehen aber sei unbezweifelbar ein Nahmedium,
und zwar physisch, weil uns der Bildschirm so nahe rücke
wie die Kamera den Personen und Objekten, auf die sie
sich richtet (u. a. bedingt auch durch das kleine Format des
Bildes), und metaphorisch, weil der Blick das Bild abtastet
wie der Kathodenstrahl die Innenseite der Röhre. In einer
aufschlussreichen, wenig beachteten Passage erfreut sich
McLuhan (ebd., 349) daran, wie sich das Fernsehen für die
Texturen und Oberflächen der einfachen Dinge, der Decken
und Sättel etwa in der Westernserie, interessiere.

Für unseren Zusammenhang ist McLuhans Beharren auf der
Taktilität des Fernsehens und folglich seiner umhüllenden,
antispezialistischen globalisierenden und allumfassenden
Funktion aus zweierlei Gründen interessant. Erstens, wie
schon festgehalten, geht McLuhan erneut von einer anthropologischen Perspektive aus; sind für ihn das Fernsehen
und nachfolgend, da er Medialität überhaupt aus dem
Geist des Fernsehens heraus begreift, Medien nur aus ihrer
Relation zu menschlichen Wahrnehmungs- und Handlungs-
möglichkeiten heraus erfassbar und sinnvoll modellierbar.
Zweitens aber, und wichtiger, zeigt seine Privilegierung des
Taktilen, dass er diese Relation idealerweise als eine Form
sieht, in der Mensch und Medium ineinander übergehen
oder besser, immer schon ineinander übergegangen
sind, noch vor allem Auseinandertreten oder vor aller
Abtrennbarkeit des einen vom anderen. Die These von der
Spezialisierung der Sinnesorgane weist in diese Richtung.

Das Fernsehen mache, so McLuhan (ebd., 207, 308, 340),
die vorgängige Involviertheit von Mensch und Medium,
auf deren Basis ihre Abtrennung erst nach und nach und
mithin nachträglich erfolgen konnte, ihrerseits bewusst
bzw. wahrnehmbar und revidiere diese Entwicklung damit
zugleich. Dazu fügt sich bestens, dass der Tastsinn auch
phänomenologisch derjenige Sinn ist, in dem Subjekt und
Objekt am schwersten trennbar sind. Etwas ertasten heißt
immer zugleich sich selbst zu spüren und umgekehrt;
während wir uns beim Hören nicht notwendigerweise selbst

hören und beim Sehen nur unter Zuhilfenahme externer Medien selbst sehen. Ein Medium des Tastens ist somit eines, das vom es nutzenden oder von ihm in Anspruch genommenen Zentralnervensystem nicht abgelöst, sondern mit ihm anthropomedial verschränkt ist. Folgerichtig bringt McLuhan (ebd., 308) die Kultur des Tastsinnes mit dem Eingehülltsein in die Haut in Zusammenhang. Immer wieder hebt er auch den Zusammenhang des Tastsinnes mit dem kinetischen bzw. dem kinästhetischen Sinn hervor, der ja im engeren Sinne gar nicht der Objekt- und Außenwahrnehmung dient, sondern propriozeptiver Natur ist (vgl. ebd., 207, 308). Ausdrücklich weist er auch auf den Zusammenhang des Tastsinns mit der Involviertheit mit einem anderen Körper, nämlich auf den Sex und die sexuelle Verstrickung hin (vgl. ebd., 132–133, 354).

Verliebt in seine Apparate

Der dritte Gedanke des Fernsehkapitels ist den beiden anderen gegenüber weit weniger ausgeführt und auch nicht prominent in den früheren Kapiteln vorweggenommen. Im Gegenteil, er widerspricht geradezu einem der Haupttheoreme, die McLuhan thematisch in den Einführungsteilen entfaltet, nämlich der These von der Außenverlagerung der Vermögen des Menschen in technische Objekte und Medien. In seinen Werkzeugen und anderen Hervorbringungen trennt sich der menschliche Organismus jeweils, so McLuhan (ebd., 45–52), von einem seiner Vermögen, er spezialisiert sich auf dieses Vermögen, entwickelt dann eine technische Prothese dafür und amputiert sich anschließend selbst von der jeweiligen Fähigkeit. So sind etwa mechanische Apparaturen Außenverlagerungen oder Verlängerungen des mechanischen Körperapparates. Sie schlagen in ihren Eigenschaften dann jedoch zurück auf den Menschen, setzen ihn unter Bedingungen, fordern angepasstes Verhalten, erneute Spezialisierungen und ihnen nachfolgend Außenverlagerungen. Der Mensch wird zum Apparat seiner Apparate.

Mit all diesen Außenstellen jedoch muss der Mensch vernetzt und verbunden bleiben, er muss sie lenken und steuern, und dies tut er vermittels seines Zentralnervensystems. Dessen einzelne Leistungen jedoch, etwa die Wahrnehmungs- und Übertragungsleistungen des neurologischen Apparates, kann er ebenfalls nach außen verlagern, verdinglichen und technisieren und schließlich amputieren; genau daraus entsteht das, was man gemeinhin, und spezifischer als McLuhans sehr allgemeiner Medienbegriff, der ohne Abgrenzung etwa zum Werkzeugbegriff auskommt, Medien nennt, etwa Telegrafie und Telefonie, Radio und Fernsehen und schließlich zweifellos die elektronische Datenverarbeitung. Medien in diesem engeren Sinne wären nach McLuhan also Außenverlagerungen des Zentralnervensystems, die dann auf das Zentralnervensystem zurückwirken.

McLuhan fasst den mit dem Fernsehen verstrickten Menschen als Wesen mit Bewusstseinsleistungen, Wahrnehmungen allen voran, aber auch mit Kommunikations- und Folgerungsfähigkeiten, kurz: als das, was traditionelle Philosophie den denkenden Menschen genannt hätte. Medien im engeren Sinne zeichnen sich also nach McLuhan dadurch aus, dass sie den denkenden Menschen medial verschränken bzw. als medial verschränkten modellieren.

Diese Anthropologie der medialen, ja der verliebten Verschränkung des Menschen als Denk- oder Bewusstseinswesen mit seinen Apparaten erfährt nun im Fernsehkapitel recht brüsk eine überraschende Dreingabe. Beim Fernsehen sei, so schreibt McLuhan (ebd., 341) recht unverbunden, der Zuschauer Bildschirm. Und an anderer Stelle formuliert er, die Bilder des Fernsehens würden dem Zuschauer auf die Netzhaut gefunkt (vgl. ebd., 357). Wenn der Zuschauer aber Bildschirm ist, dann gibt es niemanden mehr, der diesen Bildschirm anschaut, abtastet oder abliest.

Natürlich kann man darauf kommen, an diese Stelle die Figur Gottes in das Gebäude des Katholiken McLuhan einzuziehen. Das ist aber zumindest nicht notwendig.

Genauso gut kann es ein, dass sich hier die ganze Richtung der anthropomedialen Relationierung umkehrt und aufhört, vom Menschen her auf den Menschen abzielend zu verlaufen. Denn zunächst verhält es sich so, dass der Mensch bei McLuhan seine Vermögen, eingeschlossen seine Bewusstseinsleistungen, also sein Denkvermögen, in einem ersten Schritt nach außen hin projiziert, und von dieser Außenprojektion dann in einem zweiten Schritt rückwirkend unter Bedingungen gesetzt wird, so dass das ganze Mediensystem um den Menschen als denkendes Zentralnervensystem herum rotiert.

Gerade darauf bezieht sich ja auch die anthropologische und vor allem die diskursanalytische Kritik an McLuhan: Der Mensch sei, anders als von McLuhan apostrophiert, nichts Stabiles, etwa: als werkzeuggebrauchendes oder als denkendes Wesen (vgl. Grampp 2011, 212, 221–223). Der Mensch sei das, als was er konzipiert werde, und die konzeptionelle Fassung dessen, was der Mensch sei, folge stets noch den jeweiligen technischen Vermögen, die die Entwicklung erreicht habe. Der Mensch, so lässt sich auch etwa schon Ernst Kapps (2015) weit frühere Diagnose der Organprojektion weiterdenken, begreife sich selbst immer als das, was seine Techniken ihm zu denken gestatteten (vgl. Grampp 2011, 83–85). Ein Mensch der Mechanik begreife sich selbst als mechanische Apparatur (und sei folglich eine), ein Mensch der Thermodynamik als Stoffwechselwesen, und ein Mensch der Datenverarbeitung, so ließe sich jenseits von Kapp fortsetzen, als Schaltkreiswesen.

Der Mensch als Bildschirm

Wenn aber, nach der kleinen Nebenbemerkung McLuhans, der fernsehende Mensch Bildschirm wird, so gilt das nicht mehr: Der Mensch als Bildschirm ist, wie das Bild, das in ihm erst zustande kommt, ein Zusammenhang, ein inhärenter Projektionsvorgang in der neurologischen Verlängerung des Kathodenstrahles und verdankt sich mithin nicht einer ihm oder der jeweiligen Technik äußerlichen (Rück-)Projektion

des einen aufs andere und zurück. Da der Mensch als Bildschirm immer schon Bild bzw. Bildträger ist, benötigt er
kein technologisches Spiegelbild als Selbstbild oder Selbst-
projektion mehr. Fernsehen braucht also auch keine (ja
immer von Menschen betriebene) Anthropologie mehr, um
Menschen zu bilden. Beide stellen einander einfach operativ
oder, mit Voss (2013a, 120), anthropogenerisch her und dar.
Fernsehen denken hieße dann erstens, den Menschen als
Bildschirm zu denken, ohne den es kein Fernsehen gäbe,
so wenig wie umgekehrt. Es hieße zweitens, beide Terme
zusammen als anthropomediale Relation zu denken (vgl.
Voss 2010, 176–179). Und drittens wäre der televisive Mensch
konkret als Bildschirm zu konzipieren, nämlich als kalt und
taktil im Sinne McLuhans und damit als doppelt medial
verschränkt, so wie der Bildschirm seinerseits als doppelt
anthropologisch verstrickt anzusehen wäre.

Die Wendung vom Zuschauer als Bildschirm ist übrigens
nahezu wortgleich mit einer anderen und, anders als
McLuhans Satz, sehr viel diskutierten Formulierung, die sich
bei Gilles Deleuze (1986) findet: „Le cerveau, c'est l'écran"
– das Gehirn ist die Leinwand. Die Gleichsetzung beider
Wendungen rechtfertigt sich daher, dass für McLuhan der
Fernsehzuschauer im Wesentlichen über sein Zentralnervensystem, also sein Gehirn und dessen neurologische
Einbettung, ausgewiesen ist. Anders als McLuhan gibt
Deleuze mit seiner Formulierung heute viel Anlass zu weit-
gehenden medienphilosophischen Debatten. Er wird etwa
von den Freunden der Hirnforschung massiv in Anspruch
genommen, die glauben, dass Filme nun also nicht (nur)
auf der Leinwand, sondern (auch) im Gehirn ihrer Pro-
banden abliefen, wo sie mithilfe bildgebender Verfahren
zu lokalisieren und zu untersuchen seien (vgl. Pisters 2012).
Wäre dem so, hieße das, dass das Film-Denken noch immer
genau da stattfindet, wo Denken immer stattgefunden
hat, nämlich in unserem Gehirn, wie sehr auch immer
es dort induziert sein mag. Dass uns dieses visualisierte
Gehirndenken wiederum ausschließlich über Bilder und als
Bilderstrom, meistens Bildschirmbilder, bewegliche zumal,

zugänglich ist und ausschließlich in ihnen, als ihr Habitat und ihre *conditio essendi* vorkommen kann, soll hier nicht weiter diskutiert werden.

Tatsächlich liegt die Provokation des Deleuze'schen Satzes nämlich genau im Umgekehrten, und das heißt eben da, wo er sich mit McLuhan trifft. Denn er meint doch exakt das Gegenteil dessen, was die Gehirnforschung liest: Das Gehirn findet auf der Leinwand statt bzw. auf dem Bildschirm. Der Bildschirm des Fernsehens ist, wenn wir den Satz ernst nehmen, das Zentralnervensystem. Nur deshalb, weil dieses traditionelle Referenzorgan des Menschseins anthropomedial verschränkt immer schon Bildschirm war, sobald es sich auf einen Bildschirm projiziert, kann es genau dies tun und so zum Referenzorgan des Menschseins werden. Wenn der Zuschauer zum Bildschirm wird, dann gilt auch das Umgekehrte, und das ist ein viel größerer Skandal: Jetzt ist es das Denken selber, das erstens qua Fernsehen in den Bildschirm externalisiert ist und zweitens als Bildschirm das traditionell gefasste Innerste dessen ausmacht, was der Mensch sei, sein Bewusstsein, sein Wahrnehmen, seine Datenverarbeitung, sein Denken.

Fernsehen denken heißt stets, es einerseits anthropogenerisch zu denken und andererseits vom Fernsehen auch dabei noch gedacht zu werden; genauer: aus einer anthropomedialen Mischzone heraus, die sich an und in der Bildschirmoberfläche anzeichnet, sowohl das Menschsein als auch das Fernsehen zu denken. Dies kann dann im Übrigen in der Abschattung auch die, wie oben bereits angeführt, von McLuhan konstatierte spezielle Aufmerksamkeit des Fernsehens für die dingliche und materiell rohe Welt der „Reitsättel, Kleider, Felle, Kistenholzbars und Hotelfoyers" münden, die sich der menschlichen beiordnet (vgl. McLuhan 1964, 348). Man muss daraus freilich noch nicht gleich den Schluss ziehen, McLuhan sei ein Vordenker symmetrischer Anthropologie im Sinne der Akteur-Netzwerk-Theorie, und zwar insbesondere deshalb nicht, weil, wie wir gleich noch abschließend sehen werden, McLuhan darüber noch hinausgeht bzw. tiefer gründet, wenn er den Menschen des Fernsehens gerade nicht als einen Akteur, ein autonom handlungsaktives Subjekt, sieht (vgl. Grampp 2011, 212).

Jenseits des Fernsehens

Natürlich ist die anthropomediale Relation, die das Fernsehen ist, nicht die einzige ihrer Art und Fernsehen nicht der einzige Ort, an dem und durch den Anthropomedialität sich artikuliert. Ausdrücklich entwickelt Christiane Voss (2013b) ihre These von der Anthropomedialität etwa am Kino. Schließlich bleibt deshalb noch, das Fernsehdenken, und mit ihm den Menschen des Fernsehens nach McLuhan, wenigstens kursorisch gegen mögliche andere Formen der anthropomedialen Relationierung abzusetzen. In der Folge McLuhans bietet sich dafür der Computer geradezu an. Denn mit dem Computer differenzieren sich zwei Formen der Taktilität, und das heißt der Einbeziehung und des wechselseitigen Eingehülltseins von Mensch und Medium, gegeneinander aus, die im Fall des Fernsehens nach McLuhan noch ungetrennt blieben (vgl. Engell 2013).

Das Taktile nämlich umfasst zwei ganz verschiedene Artikulationen, die bei McLuhan nicht explizit unterschieden werden. Dies ist zum einen die Taktilität der Haut als umfassendes Sinnesorgan und als Außenschicht, welche die Empfindung der physischen Eingelassenheit des Organismus in seine Umwelt und einer alles umgreifenden Gesamtsinnlichkeit produziert und die Basis für die oben erwähnte Spezialisierung der Einzelsinne bildet (vgl. McLuhan 1964, 271, 308). Zum anderen jedoch ist es die punktuelle, auch zeitpunktuelle, die indexikalische Berührung mit dem Finger als eine ebenfalls spezialisierte Tätigkeit, nicht nur in der Fühlhandlung, sondern auch in der gezielten Zeige- und Auslösegeste und insbesondere, so auch bei McLuhan, beim Abzählen und Zählen (vgl. ebd., 119–120). Das Quantifizieren und das Rechnen sieht McLuhan (ebd., 123, 126) bereits als einen Übergriff des abstrahierenden Gesichtssinnes auf

den taktilen Berührungssinn, auch wenn er in einer überaus
bizarren Wendung die normierenden Modellmaßzahlen des
weiblichen Körpers als Beleg für die Fortwirkung sinnlicher
Taktilität in der Zahl ansetzt (vgl. ebd., 120). Für McLuhan
fällt mit dem Fernsehen jedenfalls beides, das Zeigende und
Auslösende, das Indexikalische des Tastsinnes im Finger
und seine umfassende, unifizierende und ikonische Funktion als Haut im Abtasten und im Einhüllen des Bildschirm-
bildes zusammen. Mit der weiteren Entwicklung jedoch
wird die deiktische und kausierende Funktion des Tastsinnes, beginnend mit der Fernbedienung, technologisch
spezifiziert und abgelöst (vgl. Engell 2013). Sie wird ausgelagert in unser Verhältnis zu Tastaturen und allerlei Key-
boards, um mit dem Touchscreen schließlich wieder auf dem
Bildschirm einzuziehen. Damit ist eine veränderte Sphäre
der Anthropomedialität aufgespannt, die nicht mehr über
die Relation bzw. die Operation des kooperativen, involvierten Imaginierens und des Phantasmatischen definiert
ist, also im weitesten Sinne ikonisch, sondern über diejenige
des Handelns, des Auslösens und gar des Verursachens,
also im weitesten Sinne indexikalisch und pragmatisch. Das
Fernsehen ist, wie auch McLuhan (1964, 364–366) in diesem
Sinne schreibt, reaktiv und an einbeziehenden Reaktionen
mehr interessiert als an Akten.

Dieser berührbare Bildschirm ist heute jedoch nicht mehr
der Röhrenbildschirm McLuhans, und in der Folge erwirbt
auch der Fernsehbildschirm eine neue Qualität. Spätestens
mit dem hochauflösenden digitalen Bildschirm vollzieht
sich eine grundlegende Aufheizung des Mediums im Sinne
McLuhans. Sie betrifft aber nicht nur die Anthropomedialität des Rechners, sondern vor allem diejenige des
Fernsehens. Das Fernsehen der riesigen, hochauflösenden
Bildschirme ist, verglichen mit den alten Röhrenschirmen,
ein ausgesprochen heißes Medium, auch und besonders
in seiner Kombination mit den raumfüllenden und rausch-
unterdrückenden Klangapparaturen heutiger Fernsehumge-
bungen. Das aber bedeutet, dass zumindest das Bildschirm-
bild des Fernsehens, statt sich, wie der Computerschirm,

den Menschen operativ – also als einen handelnden und behandelten – einzuschreiben, nunmehr, wie früher nur das Kinobild, Mensch und Medium in eine ästhetische Gesamtsphäre einhüllt, darin möglicherweise dem Kino ähnlich, und aus ihr heraus eine beide desinvolvierende Unterscheidung von Mensch und Medium im Sinne des heißen Mediums trifft. Auch die Miniaturisierungsfunktion ins Zwergenhafte, von vielen Fernsehtheorien von Adorno und Anders an als Charakteristikum des kleinformatigen Fernsehens gegenüber etwa dem Kino beschrieben und kritisch angeprangert, beispielsweise als Verbiederungsprozess bei Anders (1956, 122–128, 151–154), als Verfügungsillusion bei Adorno (1963, 74–76), kann zur Bestimmung des Fernsehens und seiner Anthropomedialität nicht mehr im selben Maße herangezogen werden. Die Riesenhaftigkeit des Fernsehens hätte damit aufgehört schüchtern zu sein, ja zu schlafen – freilich um den Preis, dass McLuhans Fernsehen, das vielleicht nur als schlafendes so funktionieren konnte, verschwunden ist, und mit ihm der televisive Mensch.

Literatur

Adorno, Theodor W. 1963. „Prolog zum Fernsehen." In *Eingriffe: Neun kritische Modelle*, 69–80. Frankfurt a. M.: Suhrkamp.

Anders, Günter. 1956. „Die Welt als Phantom und Matrize: Philosophische Betrachtungen über Rundfunk und Fernsehen." In *Die Antiquiertheit des Menschen*. Bd. 1: Über die Seele im Zeitalter der zweiten Industriellen Revolution, 99–198. München: C. H. Beck.

Deleuze, Gilles. 1986. „Le cerveau, c'est l'écran: Entretien avec Gilles Deleuze." *Cahiers du cinéma* 380: 24–32.

Engell, Lorenz. 2013. „The Tactile and the Index: From the Remote Control to the Hand-held Computer. Some Speculative Reflections on the Bodies of the Will." *NECSUS: European Journal of Media Studies* 4. Letzter Zugriff am 15. Jan. 2016. http://www.necsus-ejms.org/the-tactile-and-the-index-from-the-remote-control-to-the-hand-held-computer-some-speculative-reflections-on-the-bodies-of-the-will/.

Grampp, Sven. 2011. *Marshall McLuhan: Eine Einführung*. Konstanz: UVK.

Kapp, Ernst. (1877) 2015. *Grundlinien einer Philosophie der Technik: Zur Entstehungsgeschichte der Kultur aus neuen Gesichtspunkten*, herausgegeben von Harun Maye und Leander Scholz. Hamburg: Meiner.

McLuhan, Marshall. 1964. *Understanding Media: The Extensions of Man*. London, New York: Routledge.

Pisters, Patricia. 2012. *The Neuro-Image: A Deleuzian Film-Philosophy of Digital Screen Culture*. Stanford: Stanford University Press.

202   Voss, Christiane. 2010. „Unterwegs zu einer Medienphilosophie anthropomedialer Relationen." *Zeitschrift für Medien- und Kulturforschung* 1 (2): 170–184.

Voss, Christiane. 2013a. „Der Dionysische Schalter: Zur generischen
Anthropomedialität des Humors." *Zeitschrift für Medien- und Kulturforschung* 4 (1): 119–132.

Voss, Christiane. 2013b. *Der Leihkörper: Erkenntnis und Ästhetik der Illusion.*
München: Fink.

www.ingramcontent.com/pod-product-compliance
Lightning Source LLC
Chambersburg PA
CBHW031134270326
41929CB00011B/1621